凝心铸魂育新人

华中科技大学学生思政『一院一品』工作案例汇编（第1辑）

◎ 主编　李毅　靖咏安

华中科技大学出版社
http://press.hust.edu.cn
中国·武汉

图书在版编目（CIP）数据

凝心铸魂育新人：华中科技大学学生思政"一院一品"工作案例汇编. 第1辑 / 李毅，靖咏安主编.
武汉：华中科技大学出版社，2025. 6. -- ISBN 978-7-5772-1613-3

Ⅰ. G641

中国国家版本馆 CIP 数据核字第 2025QJ5527 号

凝心铸魂育新人——华中科技大学学生思政
"一院一品"工作案例汇编（第 1 辑）

李　毅　靖咏安　主编

Ningxin Zhuhun Yu Xinren——Huazhong Keji Daxue Xuesheng Sizheng
"Yiyuan Yipin" Gongzuo Anli Huibian（Di-yi Ji）

策划编辑：杨　静

责任编辑：孙　念

封面设计：刘　卉

责任校对：李　弋

责任监印：朱　玢

出版发行：华中科技大学出版社（中国·武汉）　　　　电话：（027）81321913
　　　　　武汉市东湖新技术开发区华工科技园　　　　　邮编：430223

录　　排：赵慧萍

印　　刷：武汉科源印刷设计有限公司

开　　本：787mm×1092mm　1/16

印　　张：16

字　　数：306 千字

版　　次：2025 年 6 月第 1 版第 1 次印刷

定　　价：88.00 元

前 言

在中华民族伟大复兴战略全局与世界百年未有之大变局交织激荡的当下，青年一代既面临建功立业的人生际遇，也肩负"强国有我"的时代使命。如何破解高校思政教育与专业实践"两张皮"的难题，如何让思想引领既"润物无声"又"掷地有声"，成为新时代高校思想政治工作必须回答的命题。

"做好高校思想政治工作，要因事而化、因时而进、因势而新。"习近平总书记的重要论述为新时代高校思想政治工作指明了前进方向、提供了根本遵循。华中科技大学始终牢记为党育人、为国育才的初心使命，坚持不懈地用习近平新时代中国特色社会主义思想铸魂育人，全面落实立德树人的根本任务，深入实施"时代新人铸魂工程"，深挖学科沃土中的思政养分，将学科特色转化为育人优势，把专业资源锻造成思政素材，以学生思政"一院一品"工作案例建设为重要抓手，推动思政教育与学科特色深度融合、与育人体系协同共进，确保党的事业和中国式现代化建设后继有人，确保高校始终成为培养堪当民族复兴重任的时代新人的坚强阵地。

《凝心铸魂育新人——华中科技大学学生思政"一院一品"工作案例汇编（第1辑）》正是这一探索的阶段性成果，全书围绕党旗领航、学在华科大、实践育人、就业发展、文化育人等篇章，通过35个特色鲜明、内容鲜活的案例展现新时代高校思政工作创新路径。各学院立足学科特点，以模块化设计破解协同育人难题，以品牌化建设构筑长效育人机制，将立德树人融入思想道德教育、文化知识教育、社会实践教育各环节，把思想政治工作贯穿教育教学全过程，形成"一院一品、百花齐放"的生动育人生态，为新时代高校思想政治工作提供可借鉴的"华科大样本"。

这些经过实践检验的鲜活经验，既是基层思政工作者"带着露珠"的创新智慧，也是学科优势转化为育人效能的生动注脚；是新时代高校思政工作守正创新的缩影，亦是新时代"大思政课"的生动实践。案例兼顾理论深度与实践价值，部分成果已获湖北省高校实践育人特色项目、高校学生工作精品项目等支持，被全国高校思想政治工作网等平台广泛推介，成为可复制、可推广的实践范本。

本书的编纂出版，既是对过往经验的回顾和总结，更是对未来的规划与展望。期待本书能为兄弟高校提供经验借鉴，启迪广大教育工作者，激励更多思政工作队伍以新思维应对新挑战，以新实践回应新命题，共同书写为民族复兴培育时代新人的奋进篇章。

本书的出版得到华中科技大学党委学生工作部、高校思想政治工作队伍培训研修中心（华中科技大学）办公室和华中科技大学出版社的大力支持，在此一并谨致谢忱。特别要向深耕育人一线的各院系思政教育工作团队致敬，正是这些"带着温度"的育人故事，让思想政治教育工作既有了思想的穿透力，又有了情感的感染力。

本书编委会
2025 年 4 月

目 录

党 旗 领 航

学在华科大

实 践 育 人

就业发展

文化育人

党旗领航

党员先锋助力美丽中国

建筑与城市规划学院 | 何立群　王　玥　杨雨露

┃ 一、工作开展情况

　　华中科技大学建筑与城市规划学院（以下简称建规学院）组建由专业老师、思政辅导员和优秀学生代表构成的党员先锋服务队，已连续十余年通过发挥自身学科优势，将社会实践与专业教育和国家战略相融合，送设计下乡，聚焦共同缔造，助力乡村振兴。十余年来，学院累计派出了 25 支队伍 370 余名党群骨干，走进老、少、边、穷地区，送规划下乡，送设计进村。从"脱贫攻坚"到"乡村振兴"，队员们把小事办成实事，和基层干部、乡民一起在绿水青山中发掘金山银山，为乡村贡献"华科大建规方案"，为当地政府累计节约上千万元的规划和设计费用，得到

2009 年湖北省孝昌县　2010 年湖北省大冶市保安镇　2011 年湖北省王店镇　2012 年湖北省襄樊市　2013 年湖北省卫店镇　2014 年湖北省英山县

2015 年湖北省恩施州巴东县　　2016 年云南省临沧市临翔区　　2017 年广西壮族自治区宁明县　2018 年湖北省武汉市牛山湖

2019 年湖北省咸宁市北港镇　2019 年山西省岚县　2021 年云南省、贵州省　2022 年云南省临沧市、湖北省孝感市　2023 年湖北省恩施州、湖南省张家界市

建规学院党员先锋服务队历年合照

当地政府和群众的高度赞扬。党员先锋服务队更是连续十三年获得湖北省暑期"三下乡"社会实践优秀团队荣誉称号，2022年被共青团中央评为"三下乡"社会实践优秀团队，2023年，"设计下乡助力乡村振兴"实践育人项目入选全国大学生暑期实践项目TOP10。

二、创新做法

（一）坚持思政引领，服务国家战略需求

建规学院党员先锋服务队紧密围绕党和国家的重大需求，服务国家和人民。从抗震救灾到脱贫攻坚，再到乡村振兴，国家和人民的需要就是建规学院党员先锋服务队的工作使命与任务。党员先锋服务队深入贯彻习近平总书记关于脱贫攻坚、乡村振兴、美丽中国、生态中国建设的一系列重要论述，结合地方需要，把规划设计送到乡村，在祖国大地上共同缔造美丽乡村蓬勃发展的生动图景，充分体现了党员的先进性和模范带头作用。

（二）坚持科学规划，设计助力乡村振兴

建规学院党员先锋服务队将学科设计专长与社会服务相结合，把实践内容精准对接学院的不同学科特点、专业优势，因地制宜，坚持科学规划，用专业设计方案助力乡村建设发展。党员先锋服务队在田野调查中发现实际问题、收集村民诉求，在专业服务中解决人居环境问题、求索乡村发展路径，在持续跟进中将当地发展特色同乡村振兴政策有效衔接，做好常态化帮扶共建，为乡村的经济发展、文化传承、综合治理、规划设计、设施建设等方面提出创造性、创新性方案。师生通过亲身体验认识农村、体验基层；以科学合理可实施的规划方案助力乡村可持续发展；用看得见、学得会、用得起的技术引导村民脱贫致富、改善生活条件。

（三）坚持育人为本，聚力打造行走课堂

坚守育人初心，建规学院形成了"院系党委—校内外导师—院系团委及辅导员—本硕博青年学子"的四级联动育人体系，将党员先锋服务队作为实践育人的重要载体，在实践中培养青年的知、情、意、行，在知行合一的实践课堂中培养好青年学子的社会化能力。党员先锋服务队创新"田野调查+沉浸式党课"的思政教育

方法，把思政课堂搬到了乡间小路上，搬到了农家院坝里，搬到了国门边境旁；通过向村民讲述《习近平与大学生朋友们》系列报道中的经典故事、为村民制作通俗易懂的党史学习小报等方式，形成实践路上"一文、一课、一会、一视频、一小报、一首歌"的特色思政育人模式。

（四）坚持创新形式，讲好美丽中国故事

党员先锋服务队队员们发挥美育特色，用好数字媒体技术，不断创新形式载体，用群众喜闻乐见的方式徐徐展开美丽中国的壮阔画卷。以 2022 年为例，为焕活小河古镇上一条近两千米的明清古街，队员们穿梭在古街上反复进行调研，并结合当地特有的拼布习俗发起了"爱'拼'才会赢"现场拼布活动，由此还延伸出集文艺创作、儿童彩绘、拼布缝制为一体的大型互动服务活动——小河古镇艺术节。为挖掘临沧文化元素，记录临沧之美，队员们用一场特殊的街头光影秀呈现"醉美临沧"的风采。光影秀将艺术与科技相结合，展现了临沧的历史文化与发展历程，展现了心向总书记、心向党、心向国家的当代临沧精神。

三、工作成效

（一）社会反响，彰显实践成就

2008 年，党员先锋服务队完成"地震灾后安置规划"，成都市规划管理局给我校发来感谢信，《南方周末》《成都商报》《武汉商报》《武汉晚报》和湖北人民广播电台等多家媒体采访和报道了这项工作成果。2015 年，党员先锋服务队前往恩施州巴东县，改善寄宿学校学生的住宿环境，为了适应学生的需求，校舍采用装配式建筑形式，起名为"会飞的盒子"。这一项目受荆楚网、腾讯网、新华网关注报道。2016 年，党员先锋服务队前往云南省临沧市临翔区开展扶贫工作，受教育部新闻办、临翔官网报道，产出的成果"科学精准规划，共建美好家园"入选教育部直属高校精准扶贫精准脱贫十大典型项目。党员先锋服务队的各项社会实践被共青团中央官方网站"中青在线""学习强国"和云南省教育厅等国家级、省级、校级、院级媒体宣传平台总计报道 100 多篇，累计浏览量超过 80 万。

（二）党旗领航，突出价值导向

2010 年 1 月 22 日，时任中共中央政治局常委、中央书记处书记、国家副主席习

近平同志来到华中科技大学建规学院参加学校"党旗领航工程"特色党日活动，听取党员先锋服务队参与汶川地震灾后重建的工作汇报后，对2008年全国第一支参与四川灾后重建规划工作的大学生志愿服务队给予高评价。

习近平总书记2010年参加学校"党旗领航工程"特色党日活动

在校党委指导、学院党委统筹部署下，建规学院以党员先锋服务队十五年发展为背景，以习近平总书记对华科大青年的教诲为契机，按照修旧如旧的原则还原了习近平总书记2010年来学校参加主题党日活动时的场景，将红厅打造为"党旗领航工程"红色教育基地。共青团中央书记处第一书记阿东、共青团中央书记处常务书记徐晓来校座谈，时任湖北省省长王忠林到此宣讲党的二十大精神。红厅也已成为全校主题教育的"打卡"地，2023年获批校宣传部"双一流"文化品牌建设基地，获批学校"美育试点学院"，承办多场主题教育活动。

（三）汇编成书，传承先锋使命

党员先锋服务队在实践探访中与党同心，在实地研学中与国同向，将队员们的实践经历与成果汇编成了两本图书——《设计下乡·青春力行——华中科技大学建筑与城市规划学院党员先锋服务队十五年》《乡村里·先锋志——华中科技大学建筑与城市规划学院党员先锋服务队乡村振兴实践报告集》，以传承先锋使命，打造育人品牌。那些鲜活的人物、温暖的对话、闪光的瞬间、动人的场景都被如实记录。这是党员先锋服务队成立以来先锋历程的纪念，是队员们实践成果的展现，也是建规学院育人之道的缩影。

（四）先锋服务，提升育人实效

十几年来，一批批队员已经成长为专业领域内充满社会责任感的中坚力量！2009 年在校队员董玮玮毕业时选择了到新疆工作，在党员先锋服务队的特殊经历为她的研究生生涯添上了浓墨重彩的一笔，更在她心里种下了扎根西部、建设西部的种子；2015 届本科毕业生黄彬凌在校期间两次参加党员先锋服务队活动，2018 年从北京大学硕士毕业后扎入深圳基层社区，带领 20 多个年轻人完成了 100 多处城市微空间营造、共建花园的建设，他的事迹被中央电视台评为"成功的社会治理案例"，他本人也入选了福布斯 2020 年中国 30 岁以下精英榜；单卓然、孔惟洁更是留校成为建规学院的青年教师。

于澄	李彦群	陶文铸	倪敏东	周敏	单卓然	孔惟洁
博士毕业	博士毕业	博士毕业	第一支赴汶川进行灾后	博士毕业	博士毕业	同济大学博士后
广西柳州市人民政府	中央选调生	湖北省自然资源厅规	重建规划工作的党员	江苏科技大学规划系教师	华中科技大学建规学院	华中科技大学建规
国有资产监督管理委	中国青年五四奖章	划中心高级工程师	先锋服务队队员	自然科学青年基金获得者	规划系副教授	学院青年教师
员会党委书记、主任	获得者		宁波市规划设计研究院			
			空间资源研究所副所长			

建规学院毕业学生代表

以德立班，薪火相传
——新时代"胡吉伟班"建设

经济学院｜刘雯雯　　彭鹤翔　　李曼菁　　朱诗甜

华中科技大学经济学院高度重视班级建设，坚持营造良好的班风、学风，激发学生的集体荣誉感和团结精神。学院以荣誉班级"胡吉伟班"建设为抓手，落实高校立德树人根本任务，以德立班，薪火相传，扎实推进新时代"胡吉伟班"建设。

一、开展情况

2001年，经济学院2000级学生胡吉伟因抢救落水儿童而光荣牺牲。教育部、共青团中央先后授予其"舍己救人的优秀大学生""全国优秀共青团员"等荣誉称号。2002年3月，为纪念英雄人物、铭记英雄事迹，学校党委决定设立"胡吉伟班"，并在班上设立胡吉伟党支部。此后23年，经济学院共产生了9届胡吉伟党支部。作为英雄精神的发源地，胡吉伟党支部传承"富有理想 勤奋学习 乐于奉献 实践报国"的胡吉伟精神，始终争做学院最优秀的集体，在学习、科研、社会实践、志愿服务等方面成绩突出。

二、创新做法

（一）以德立班薪火相传，党建引领班团共建

从2002年第一届"胡吉伟班"评选成立后，就在"胡吉伟班"上建立起了胡吉伟党支部。"将支部建在连上"是发挥党支部战斗堡垒作用的优良传统。在高校，

"立德树人的华中大样本"——"胡吉伟班"

特别是本科生中，要坚持将支部建在年级上、建在班级上。"胡吉伟班"能够二十余年薪火相传，少不了一个强有力的党支部火车头。

学院建立了"胡吉伟党支部—'胡吉伟班'—'胡吉伟班'团支部"的党建工作体系，胡吉伟党支部的党员在"胡吉伟班"和团支部担任主要学生干部，胡吉伟党支部负责把关和指导班级、团支部重要活动，例如奖学金评选、班委竞选、主题

历届"胡吉伟班"照片

注：经济学院自2002年开始在学院范围内评选"胡吉伟班"，每三年评选一届，至今已经产生九届"胡吉伟班"。为弘扬胡吉伟精神和以德立班的优良传统，学校自2018年开始在全校范围内评选"胡吉伟班"，称"校'胡吉伟班'"

班会、主题团日活动、特色团日活动等。除此之外，胡吉伟党支部还联合"胡吉伟班"开展思想教育类活动。2019年4月，胡吉伟党支部及第七届"胡吉伟班"的同学们集聚青年园，再次深入学习胡吉伟精神，共抒爱国情怀。2020年5月，胡吉伟党支部联合第七届"胡吉伟班"同学共同参与同电子科技大学机械与电气工程学院机械专业本科生第二党支部的联合主题党日活动。2021年6月，胡吉伟党支部和"胡吉伟班"的同学一起开展毕业党课汇报，时任党委书记邵新宇同志寄语与会同学"做思想上的模范，言行上的示范，治学上的典范"。2023年11月，胡吉伟党支部邀请武汉大学经济学与管理学院本科生党支部来我校开展联合主题党日活动。2024年清明节期间，经济学院"胡吉伟班"代表一行前往胡吉伟的家乡——辽宁省葫芦岛市绥中县，拜访其亲人并进行祭扫怀念活动。2021年11月至今，校长尤政同志七次参加胡吉伟党支部组织生活，听取胡吉伟党支部党建带班团建设工作汇报，给予高度评价。

2021年11月25日　　2022年6月8日　　2022年12月8日　　2023年6月15日

2023年12月14日　　2024年6月6日　　2024年12月17日

校长尤政同志参加胡吉伟党支部组织生活

（二）潜心问学蔚然成风，躬耕实践激情盎然

在"胡吉伟班"，潜心问学蔚然成风。胡吉伟生前，就在班级设立了"互帮互助学习小组"。"胡吉伟班"充分发挥这一优良传统，延展出"兴趣小组""学风督查""线上约自习"等切实举措，不让一个学生掉队。历届"胡吉伟班"多次创造大学四年课堂出勤率100％，英语四级一次性通过率100％的纪录，连续23年被评为"校优良学风班"。好的班风学风营造出了潜心问学的良好氛围。

在"胡吉伟班"，躬耕实践激情盎然。"经世济民"的使命号召着"胡吉伟班"学子深入社会开展实践调研和志愿服务。"胡吉伟班"连续12年开展爱心家教，关注农民工子女。第一届"胡吉伟班"同学在毕业10年返校之际，设立了胡吉伟奖助金。第三届"胡吉伟班"发起"情系灾区、义援郧西"爱心义卖活动。第四届"胡吉伟班"同学赴湘鄂闽调研少数民族地区精准扶贫问题，获得省优秀社会实践队荣誉。第五届"胡吉伟班"在四川雅安地震后发起募捐活动，长期定向资助受灾家庭学生。第六届"胡吉伟班"牵头的"心援队"坚持定期看望空巢老人，获得省优秀志愿服务组织称号。第七届"胡吉伟班"与随县国家电网"光满·爱心红丝带"党员先锋队结对，为当地脱贫攻坚贡献专业力量。第八届"胡吉伟班"与红安县八里湾镇中学开展结对共建。

第八届"胡吉伟班"前往红安县八里湾镇中学进行社会实践

（三）典型引路以点带面，榜样效应成效凸显

在经济学院，同学们进校之后认识的第一个学长就是胡吉伟，在每年的开学季，通过新生手册、军训绿茵场集中学习、开学典礼、院史馆参观，胡吉伟的基因融入了学院的新鲜血液中。实践也已经证明，在胡吉伟精神的引领下，历届"胡吉伟班"已成为教育引导学生的优质载体。历届"胡吉伟班"先后获得"全国先进班集体标兵""全国学雷锋示范点""全国活力团支部""省级先进班集体标兵"称号；涌现出省级优秀共青团员、省级优秀学生干部、"校三好学生标兵"获得者等优秀代表。

在"胡吉伟班"典型的指引下，经济学院各个班级都在向"胡吉伟班"看齐，在学院营造出"比学赶超"的良性成长氛围。

第七届"胡吉伟班"、第八届"胡吉伟班"创建答辩会暨班旗交接仪式现场

（四）胡吉伟精神代代传承，着力培育时代新人

以第七届"胡吉伟班"为试点，学院设计了覆盖"胡吉伟班"成长全周期的"社会实践工程"，以"筑牢信念根基、认知国情社情、提升能力素质"为导向，通过精心设计的三次暑期社会实践活动，帮助"胡吉伟班"成员知行合一。

学院聘请了院党委书记、院长任"胡吉伟班"班级导师，在学术前沿、科研竞赛、职业发展等方面定期与同学们沟通交流，学院探索建立以"胡吉伟班"为核心的荣誉班级"五航"育人矩阵，通过党建领航、学风启航、队伍护航、实践助航、榜样引航，让以德为先回归学生成长，让优秀学生回归班级建设，让优秀班级回归人才培养，着力培育担当民族复兴大任的时代新人。

三、工作成效

近年来，胡吉伟党支部、"胡吉伟班"团支部也在同"胡吉伟班"一起成长。胡吉伟党支部2018年获第二届全国高校"两学一做"支部风采展示活动特色成果奖；2019年成功入选教育部第二批"全国党建工作样板支部"；获评2020年度校"先锋党支部"一等奖、2018—2020年校"先进基层党组织"、2021年湖北省高校"先进基层党组织"。"胡吉伟班"团支部获评2022年全国五四红旗团支部。

23年间，"胡吉伟班"学子累计发表权威期刊文章4篇，核心期刊文章24篇，在省级及以上学科竞赛中获奖52项。

历年来，经济学院学生提交入党申请书比例在80％以上，"优良学风班"比例在80％以上，2021年更是大二年级到大四年级班级100％获评"优良学风班"。学院学子在科技创新方面也取得了骄人成果，2015—2023年，在美国大学生数学建模竞赛中，学院学子获奖230人次；在全国大学生数学建模竞赛中，学院学子获奖45人次；在全国大学生数学竞赛中，学院学子获奖35人次；在"挑战杯"全国大学生系列科技学术竞赛、"创青春"全国大学生创业大赛、中国国际"互联网＋"大学生创新创业大赛中，学院学子获奖24人次。自2019年以来，学院本科毕业生深造率达65％以上，参加"大学生志愿服务西部计划"、选调生的人数有所增长；研究生就业率在97％以上，参加引进生、选调生的人数和重点国企就业人数增长明显。

传承使命立心立德，勤学笃行兴船报国

船舶与海洋工程学院｜李周密　靳丰富

华中科技大学"黄群班"是为纪念"全国优秀共产党员""全国道德模范"黄群同志而于 2018 年设立的，是学校"新时代党旗领航工程"的重要载体之一。为坚持落实立德树人根本任务，发挥优秀集体的示范引领作用，华中科技大学船舶与海洋工程学院（以下简称船海学院）党委以传承发扬"黄群精神"为行动指南，围绕海洋强国建设总目标，着力构建党团班一体化工作体系，设立"黄群班"党支部、"黄群班"团支部，打造"黄群班"荣誉班级，增强集体凝聚力、战斗力，引导学生立心立德、兴船报国，发挥了良好的示范引领作用。

▎一、开展情况

"黄群班"党支部成立于 2020 年 10 月，支部成员均为船海学院"黄群班"成员，与历届"黄群班"联系紧密。党支部以"黄群精神"为指引，以学院"黄群班"为根据地，围绕加强思想引领、维护同学权益、夯实专业基础、增强实践服务等开展系列活动，以活动为载体将"黄群精神"融入班级内涵建设中、将德行建设融入学生日常教育中，切实发挥党支部的战斗堡垒作用和党员的先锋模范作用，促进"黄群班"全体成员共同成长、全面发展，带领班级全体同学向黄群同志学习，树立兴船报国的专业理想，立志成为可堪大用、能担重任的时代新人，并将"黄群精神"辐射到更广大学生的教育培养过程中，形成示范效应。

二、创新做法

（一）思想引领齐奋进，学思践悟内涵新

1. 设立党章学习小组，创新理论学习形式

党支部紧紧扎根于班级，在"黄群班"设立党章学习小组，充分利用每次班会团会，带领班级同学学习党史党章，学习先进人物先进事迹；组织班级同学前往辛亥革命纪念馆、中山舰博物馆等开展红色实践，帮助同学们在实践中体悟先进思想，坚定入党信念；邀请学校主要领导参与支部主题党日，联系班级不定期开展时事讨论会，拓展理论学习形式，提升班级同学的理论学习主动性。

邀请华中科技大学党委书记张广军参与支部主题党日

支部定期组织开展重点科目模拟考试

2. 学习黄群入脑入心，学思践悟争做先锋

为传承与弘扬"黄群精神"，支部每学期指导班级开展一次学习"黄群精神"主题班会；引导支部成员积极加入船海学院"黄群精神"宣讲团，在全校各班级内宣讲；组织班级同学看望黄群母亲、在清明节时祭扫黄群墓；利用船海学院黄群爱国主义教育基地开展宣传教育，组织班级同学擦拭黄群塑像、开展纪念仪式，组织新发展预备党员在黄群塑像前宣誓等，以多种形式引导班级同学加强理论学习，传承"黄群精神"。

每年清明节，"黄群班"班级代表都会祭扫黄群墓

（二）党员目标责任制，聚焦痛点做实事

党支部坚持党员寝室挂牌，在党员居住寝室门口张贴身份信息，并将党员信息公示在宿舍楼下，将"有困难找党员"落到实处；坚持党员目标责任制，要求支部每位党员认领一块"责任田"，聚焦周围同学的突出问题及核心痛点提供帮助；主动收集周围同学关心的权益问题，并针对同学反映的居住环境改善、学生社区公用房使用等问题主动作为、积极反馈，及时跟踪解决；定期带领班级同学清扫学生社区，并对消防器材、楼道、车棚等进行安全检查，保障学生社区安全整洁，助力班级同学德、智、体、美、劳全面发展。

（三）立足专业夯基础，科创引领拓眼界

1. 细致学业帮扶，打造优良学风

为营造良好学风氛围，支部组织开展"党员一帮一"活动，一个党员对接一个学院重点关注的学习困难学生，帮助他们制定学习目标，监督他们完成学习任务，帮助他们解答学习难题；要求支部党员主动承担起班级考勤任务，配合年级实施上课期间手机暂存规则，实现100%到课率与抬头率；组织考前答疑、模拟考试等提升班级考试成绩及格率，党团班协同发力，确保所有学生不掉队，形成人人爱学好学的优良学风。

2. 营造科创氛围，矢志科创报国

党支部带动班级同学积极开展科创活动、参与科创竞赛，营造良好科创氛围，进而引导同学们夯实专业基础，树立报国志向。党支部重点围绕船舶与海洋工程领域重要科创比赛"全国海洋航行器设计与制作大赛"，鼓励班级同学积极参加，并给予充分指导；赛前主动摸排班级同学参赛意愿，协助组建队伍，分享备赛经验；积极指导班级同学参加"挑战杯"全国大学生课外学术科技作品竞赛、全国大学生机器人大赛等科创比赛并不断取得佳绩。党支部党员与班级同学合力，将专业知识转化为实际行动，用取得的科创成果生动诠释了"黄群班"传承"黄群精神"，矢志科创报国的信念。

立足学科参加第十届全国海洋航行器设计与制作大赛

（四）志愿服务树旗帜，实践学习立大志

为进一步传承发扬"黄群精神"，发挥党支部对班团的引领作用，党支部带领

班级同学积极参加桌面之行、爱心宿舍、地铁义工等各类志愿活动；带领班级同学前往湖北省孝感市孝昌县巴石村，与当地小学生开展结对共建活动，解答小学生的学业问题，建立长久帮扶关系；新冠疫情期间，党支部党员冲锋在疫情防控一线，多位党员担任疫情防控志愿者，为疫情防控贡献青春力量。

党支部带领班级同学多次前往巴石村帮扶当地小学生

为进一步领会"黄群精神"中"许党报国"四个字的内涵，党支部带领班级同学远赴大连，实地探访黄群同志生前工作的地方；前往中国船舶集团有限公司第七一九研究所、第七〇一研究所等国防重点军工单位，实地感受大国重器的震撼，引导班级同学立下许党报国、强国有我的志向。

党支部带领班级同学前往中国船舶集团有限公司第七六〇研究所实地缅怀黄群

三、工作成效

（一）协同引领心向党，踏实干事显成效

在党团班的协同配合下，"黄群班"学生入党积极性大大提高，班级成员全部递交入党申请书，党员占比大幅提高；党支部注重对班级团建的指导引领，"黄群

班"团支部先后获"校五四红旗团支部""校五四青年集体奖章"等荣誉,"黄群班"每年均获评校"优良学风班"。

（二）全面发展有担当，勇争先锋志卓越

党支部带领"黄群班"班级同学全面发展。英语四级通过率100％；80％以上同学获得过各类奖助学金；班级同学毕业后深造比例超87％；班级同学人人参与科创竞赛，累计获得国家级比赛荣誉40余项，省级比赛荣誉60余项，获得省部级以上科创奖励的同学超50％；班级同学积极担当作为，100％的同学参与过志愿公益活动，志愿服务时长累计3000余小时；超80％的同学加入学校、学院的各个学生组织并发挥重要作用，超30％的同学成为重要学生骨干。

（三）精神传扬出校园，广受认可树旗帜

党支部带领"黄群班"班级成员踔厉奋发，走向社会大平台，进一步宣扬"黄群精神"，受到广泛认可。党支部获评湖北省首批全省高校党建工作样板支部培育单位，并顺利通过验收；以"黄群班"为主体的微视频作品《致敬英雄，传承不灭》，在湖北省党员教育电视片观摩交流活动中被评为优秀奖作品；船海学院团委带领学生积极走进校外社区，与武汉市红焰社区、新世界社区等结对共建，获评2023年度湖北省大学生社区实践计划优秀工作单位。

黄群班同学走进校外社区开展结对共建活动

"携同成长"——教师党员推动 "三全育人"机制建设的探索与实践

管理学院｜谭　静　张　赫　方权泽　徐紫薇

管理学院坚持以习近平新时代中国特色社会主义思想铸魂育人，整合教师、校友、社会、学生等多方资源，构建四个"携同体"，搭建携同成长"四畅"教育平台，促进学生成长发展。在"携同成长"教育机制下，学院教师党员紧密联系、指导学生党支部和全体学生，构建起全员、全过程、全方位育人工作体系，培养理想坚定、专业突出、素质优秀的卓越管理学子。

▌一、开展情况

管理学院党委于 2016 年开始实施"携同成长"计划，搭建以教师党员为主要参与者的"四畅"教育平台，全面助力学生在理想信念、职业发展、人文素质、实践能力等方面的成长，以之作为建设"三全育人"机制的重要抓手，在党的二十大后，结合新思想、新要求进一步推进该项目的创新发展。

（一）理想信念教育平台——"1＋4 畅语人生"谈心谈话

院党委开设专属"携同成长"空间，以"1＋4 畅语人生"为载体，打造"1 个教师党员 ＋ 4 个新生"的组合配置，让教师党员在课堂之余与本专业学生开展谈心谈话。"我们的专业如何服务社会发展？""怎么样算是社会主义合格建设者和可靠接班人？"这样深刻的谈心谈话发生在管理学院每一个大一学生身上。

2023 年起，为响应学校建设"一站式"学生社区要求，管理学院将"携同成长"空间搬进了社区，将思想引领的点点星火带到了学生身边，从个人、宿舍、班

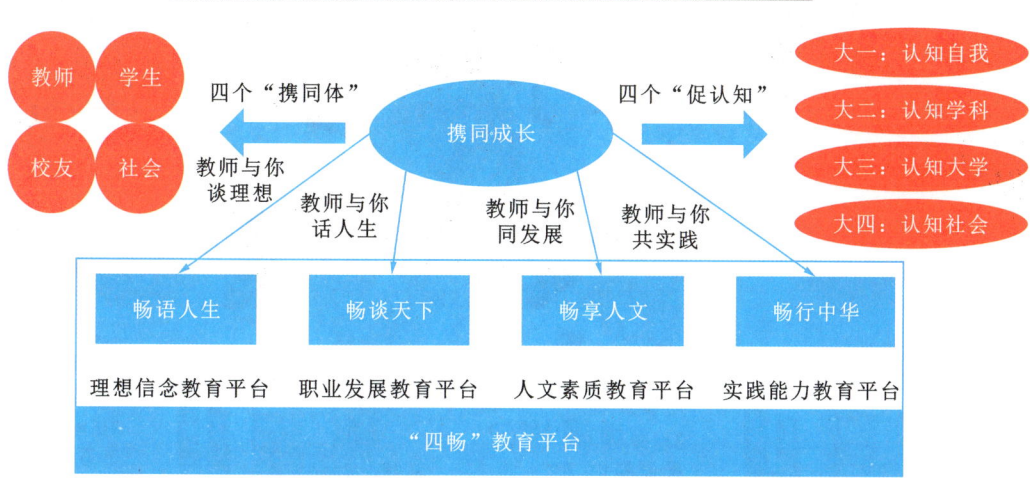

管理学院"携同成长"计划工作逻辑图

级等多个层面加强学生爱国主义教育，培养"有理想、敢担当、能吃苦、肯奋斗"的大学生。

（二）职业发展教育平台——"畅谈天下"行业沙龙

采取"教师党员＋校友"的组合模式，让优秀校友成为教师党员的补充力量。每期邀请国家重点领域或行业的优秀校友讲述自身经历和发展经验，引导学生将个人发展紧密联系国家需求，清晰规划自身发展。

学院邀请校友、党政领导结合行业讲述思政课，激发学生服务人民、报效祖国的责任感和使命感；举办"职管为你"系列分享会，邀请高校科研院所、企业家等为学生做分享，让学生在不断完善自我认知、探索多样化发展道路的基础上，进一步明确发展定位；举办"管理留声"分享会，邀请学长学姐分享工作生涯规划经验，加强学生就业能力的朋辈指导。

（三）人文素质教育平台——"畅享人文"红色文化行

学院高度重视学生的美育，"畅享人文"人文素质提升计划以"同上一堂思政课、同唱一首红颂歌、同建一个共荣体"三部曲为主要内容，将思政教育寓于振奋人心的红色旋律之中，培养学生健康向上、格调高雅的品质内涵。

党员教师在管理学院学生社区开展党员"1+4畅语人生"谈心谈话活动

通过"同上一堂思政课"，带领学生深刻领会新时代内涵，体悟二十大精神；通过"同唱一首红颂歌"，坚定文化自信，唤起青年学子血脉中对祖国的深深热爱；通过"同建一个共荣体"，激发基层团支部活力，全面提升集体凝聚力，助力伟大中国梦的实现。

（四）实践能力教育平台——"畅行中华"基层实践服务

管理学院搭建基层实践调研基地，以支部共建形式，让教师党员引导学生党员、入党积极分子等扎根中国大地，了解国情民情，在实践服务中培育家国情怀，将学生个人发展与国家战略和需求紧密结合，树立正确的择业观，到西部去、到基层去、到祖国需要的地方去。

学院将社会实践纳入课外必修学分，与十几家公司共建实践基地，筹集100万元的社会奖学金支持学生实践创新。建立"双共建""双导师"机制——学生党支部与教师、基层单位党支部共建，各学生党支部各配置一名教师导师和一名社会导师共同指导党支部实践。

管理学院系列工作生涯实践教育活动

管理学院"畅享人文"教育实践活动

教师党员带队开展社会实践

二、创新做法

（一）模式创新——党建与人才培养"双融合"

"携同成长"是管理学院创造性探索基层党建引领人才培养、将党建工作与人才培养深度融合的一项工作，旨在进一步强化教师的党员身份认同，发挥教师党员和教师党支部在助力学生成人成才中的引领作用，让教师党员争做"四有好老师"，当好"四个引路人"，坚守"四个相统一"。"党建＋人才培养"是一次模式上的创新，也是学院党建工作与事业发展"一融双高"的良性探索。

（二）概念创新——形成四个育人"携同体"

开创性地引入"携同体"的概念，让校友、教师、社会、学生四方联动，构建出多维度的育人载体。将提升学生思想政治教育工作、培养人的主体从传统意义上的辅导员单一化队伍转变为教师党员和辅导员相结合的复合型队伍。同时，整合各方优质资源，将各专业系优秀校友、企业嘉宾等外部资源通过党的领导凝聚起来，形成全员育人的新局面。

（三）平台创新——构建"四畅"教育平台

该项目开创性地搭建理想信念教育平台、职业发展教育平台、人文素质教育平台、实践能力教育平台，"四畅"教育平台一脉相承，一以贯之，让教师党员和学生同气连枝，引导学生树立坚定的理想信念，争做新时代"六有"大学生。以"四畅"教育平台为载体，管理学院衍生出了许多优秀师生典型与生动故事，为学院全员、全过程、全方位育人提供了广阔舞台。

三、工作成效

（一）打造系列育人品牌

思政育人立体化。自"携同成长"项目实施以来，学院的大一新生在入学第一学期内100%参与"1＋4畅语人生"谈心谈话活动，该活动在大一筑梦启航系列工作中起到重要作用，新生入党申请率达 90%；院领导、辅导员、研究生导师、教师班主任、教务老师等多元化教师党员育人力量全面下沉到学生群体中间，与学生面对面交流，为学生成长保驾护航。

生涯教育精细化。院领导定期研讨学生就业工作，访企拓岗 23 家；本科教师班主任、研究生德育导师定期开展生涯主题班会；就业专员、辅导员协同各专业系、校友、社会企业力量共同做好学生培养工作。

五育并举丰富化。自项目实施以来，管理学院 90% 的本科生在大学期间至少登台演出一次，累计 600 多名本科生参加院校合唱团、舞蹈团等文艺团队，在教师党员的带领下稳步推进"一生一艺"。

实践教育专业化。每年邀请教师党员作为指导老师组织社会实践队伍近 40 支，参与人数 300 余人，学院 2023 年暑期社会实践中，有 3 支队伍获得校级优秀团队荣誉，9 支队伍获得院级优秀团队荣誉，28 名学生获得校级优秀实践队员称号，2 名教师被评为优秀指导老师。其中，管理学院赴湖北省蕲春县"振兴风来，艾香如熏"暑期社会实践队的作品获评"挑战杯"全国大学生课外学术科技作品竞赛红色专项活动全国二等奖，该实践队获评"镜头中的三下乡"优秀视频团队。

管理学院"四位一体"育人模式如下所示。

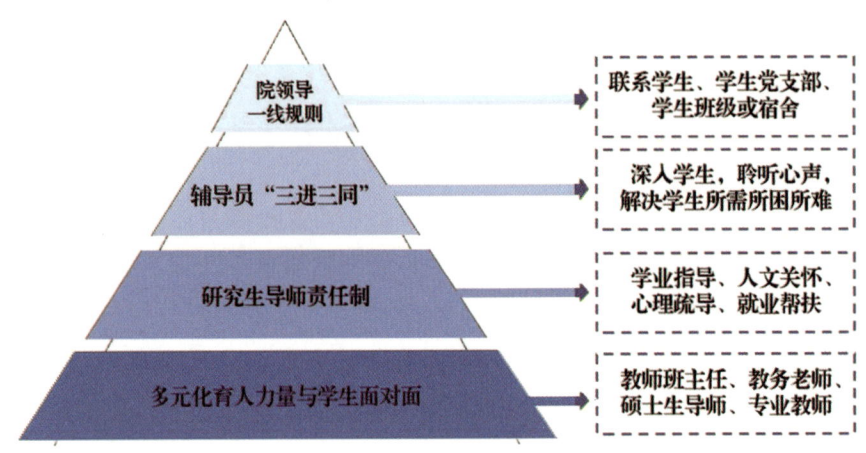

管理学院"四位一体"育人模式

（二）形成系列工作课题

依托"携同成长"项目经验，立项申报多个课题，包括校宣传部课题"华中科技大学'三全育人'综合改革示范院系"；华中科技大学思政工作精品项目"党建引领，实践驱动，管理学院'一体两翼'科研团队育人模式建设"；校宣传部课题

"红色文化育人视角下高校引领大学生培育和践行社会主义核心价值观长效机制研究"等。

（三）取得系列育人成效

"携同成长"项目实施以来，管理学院获得校学生工作先进单位、校五四红旗团委、校共青团宣传思想文化先进单位、十佳院系学生会、校青年五四奖章、校十佳特色团日等荣誉；学院学生提交入党申请书比例在86％以上，就业率位于学校文科院系前三。学院连续多年有本科生获得校"三好学生标兵"称号，本科2019级毕业生马成辰担任我校首位团中央青年大学习领学人；本科2019级毕业生李蔚颖获中国大学生自强之星、湖北省第九届"长江学子"。2023年，学院学子获"挑战杯"全国大学生课外学术科技作品竞赛金奖等国家级、省部级学科竞赛奖项45项。

管理学院优秀学子代表

（四）带来系列社会影响

"携同成长"项目自立项以来，积累了一定的工作实效与可喜的育人成果，在学校及社会中引发了不错的反响，产生了一定的正面效应。人民网、中国青年报、华科大新闻网、HUST 学工在线等校级及以上媒体刊登相关新闻报道达百余篇，学院学生工作官方微信"HUST 管理人声"年均发稿 600 余篇，内外结合，广泛及时宣传"携同成长"计划中的好故事、好做法，在校内外形成了较大育人影响力和品牌效应。

管理学院及时宣传"携同成长"好故事、好做法

制度筑牢社区育人阵地

光学与电子信息学院｜李　玲　　李文龙　　张　虎　　徐彦亮

华中科技大学光学与电子信息学院高度重视"一站式"学生社区建设，领导班子亲自指导建设工作，不断创新育人力量下沉社区工作制度，推动全院师生参与学生社区建设，建设学院领导、教师班主任、研究生班主任、辅导员等专兼结合的"一站式"学生社区育人队伍，推进"全方位服务"与全面发展相辅相成，形成了同向同行的育人合力，将学生社区打造成为"大思政"育人场域。

| 一、开展情况

（一）组织发动，搭建学生社区育人载体

学院党委高度重视，带头践行一线规则，通过开展新生主题教育、师生座谈、寝室走访、主题班团会等活动深入学生社区，与学生面对面接触，指导学生成长，回应学生诉求。学院学生工作队伍直接参与"一站式"社区建设，成立专班对工作进行督导，委派专人负责"一站式"社区建设工作，出台一系列

张涛书记参与社区活动

专业导师、朋辈导师工作管理条例及评价方案，下设社区文化中心管委会常驻学生社区，加强社区管理的同时，掌握学生的实际需求，推动、支持、保障学生社区建设工作。自2021年以来，学院领导班子深入学生活动达83人次。

唐江院长与学生面对面交流　　　　　　李玲书记和张虎老师走访学生寝室

（二）制度创新，发动专业力量下沉社区

通过发动专业力量进社区，将教学教务与学生工作统一起来，专业教育与思政教育融合起来，促进学生全面成才。制定《光学与电子信息学院本科教师班主任工作条例》《光学与电子信息学院学生助理班主任工作条例》《光学与电子信息学院本科生班主任考核评优细则》，明确专业教师班主任及朋辈导师参与学生社区建设工作职责及考核标准。全院 59 个自然班级均配备专业导师作为教师班主任，其中，为低年级 29 个班级配备了 29 名研究生班主任导师，"双班主任"定期走进学生社区，落实查寝、查课、谈心谈话的工作要求，切实服务学生成长成才。成立光点工作室，引驻专业教师队伍为在校学生提供学业辅导、心理疏导、就业指导及科技创新方面的支持与指导。2023 年，学院教师班主任进社区开展育人工作 140 多次，受到学生的热烈欢迎。

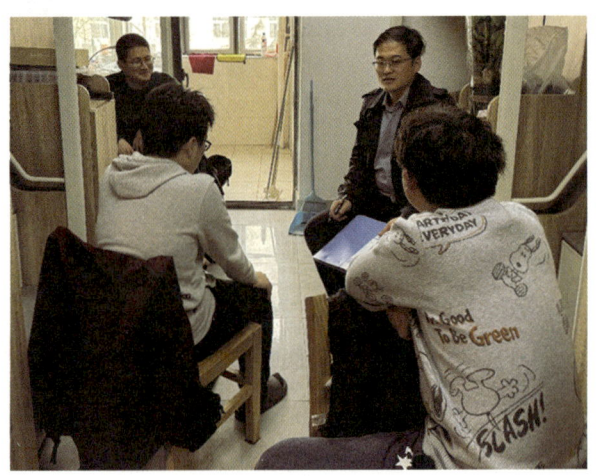

唐江院长与唐霞辉老师走访学生寝室　　　　　闫志君教授与学生谈心谈话

为不断提升新任教师班主任的育人能力和育人水平，打造工作交流平台，增强学生社区育人实效，学院定期举行以学风调研、学情分析为主题的教师班主任工作交流会，与会教师班主任交流班级建设经验、研讨学风建设，以实务交流培训强化提升育人效能。

学院春季学期教师班主任工作交流会

（三）"三进三同"，压实辅导员岗位职责

学院制定了《光学与电子信息学院辅导员"三进三同"工作实施方案》，实施辅导员"三进三同"专项计划，落实住楼辅导员工作职责，全时段与学生同吃、同住、同学习，在解决学生实际问题的过程中，用暖情关怀把工作做到学生心坎上。学院在学生社区设置辅导员工作室，结合学生党团班建设、生涯指导工作、困难学生帮扶工作等学生工作中的现实问题，走到学生当中去，走进学生心里，让学生感受到关爱、关怀就在身边，在与学生交流、交心、交朋友的过程中，把握学生成长规律，不断提升学生的思想水平、政治觉悟、道德品质、文化素养，引导学生做到"四个正确认识"，当好学生的人生导师和知心朋友。

徐刚老师和张虎、徐彦亮辅导员参与学生班会

二、创新做法

（一）加强制度创新，选优配强学生社区育人队伍

通过遴选优秀本科教师班主任和学生助理班主任与学生班级结对，并制定相关工作制度，出台辅导员下沉学生社区"三进三同"工作方案，明确工作要求与工作职责，将专业力量、朋辈力量作为社区育人力量的重要组成部分，推进"专职"与"兼职"思政工作队伍下沉社区，关心、关照、服务学生成长。

华中科技大学光学与电子信息学院文件

院字〔2018〕19号

光学与电子信息学院本科教师班主任工作暂行条例
（试行）

为进一步加强和完善班主任工作制度，在学院大类招生改革、一流学科建设等新形势新要求下，根据《华中科技大学本科生教师班主任工作暂行条例》（校党〔2012〕44号）等文件精神要求，在《光学与电子信息学院教师班主任岗位职责和考核办法（试行）》（院字〔2012〕15号）、《关于建立大一至大四本科班教师班主任制度的通知》（院字〔2014〕20号）等文件实践基础上，明确教师班主任的配备、职责和管理，特制定本条例。

一、组织机构和职责

1. 学院成立教风学风建设领导小组：学院院长、党委书记任组长，分管教学副院长、副书记任副组长，各系、中心主任为组员。领导小组负责本科生教师班主任的设置与相关宏观管理工作。

2. 院本科生工作组和本科生教务科具体负责本科生教师班主任工作的组织和协调，具体负责班主任的招聘培训、工作量计算、年度考核及评优等。

华中科技大学光学与电子信息学院文件

院字〔2018〕20号

光学与电子信息学院学生助理班主任工作暂行条例
（试行）

根据《华中科技大学"新生导航计划"实施意见》（校学〔2012〕6号）等文件精神，在《光学与电子信息学院研究生班主任岗位职责和考核办法（试行）》（院字〔2012〕16号）等文件基础上，为了进一步加强本科生教育管理，经学院党政联席会议研究，特制定本文件。

一、学生助理班主任的岗位设置

1. 学生助理班主任（简称"助班"）的基本职责是协助辅导员和教师班主任做好低年级的班级事务管理、思想教育、心理健康教育、学习指导和集体活动组织等工作。

2. 学院为本科大一、大二年级每个自然班配备学生助理班主任1名，一年一聘，聘期1年，每年5月份与教师班主任招聘同步启动，6月份确定名单并开始教育培训工作。

3. 学生助理班主任从高年级本科生、硕士研究生、直博生中择优选拔，经学工组培训考察合格后录用。聘期结束，经考核合格后颁发聘书。

学院出台本科教师班主任、学生助理班主任工作文件

（二）强化学科优势，构建专业育人力量工作品牌

光学与电子信息学院自 2018 年实施"双百工程"（百场导航、百生导学）以

来，面向学生需求，积极发动专业教师育人力量，因材施教、分层指导，贯通新生入学教育至毕业工作，开展"百场导航"系列讲座累计 400 余期，超过 4.9 万人次参与其中，编撰百生导学案例集 16 册，共计 200 余万字，获得了学院师生一致好评，擦亮了"学在光电"品牌。

2023 年诺贝尔物理学奖得主 Ferenc Krausz 教授做客光电信息大讲堂

（三）协同联动，建设平安学生社区

学院将学生工作队伍联系方式挂在学生社区醒目位置，畅通师生沟通渠道，便于学生遇到问题时想得起、找得到、办得好，切实解决学生实际问题。学院建立"学院—年级—班级—寝室"四级网格化管理体系，划分安全管理职责，并通过辅导员、教师班主任、学生助理班主任召开年级大会、安全主题班团会、安全干部培训会、寝室安全检查等形式提升学生安全意识，筑牢社区安全底线。

2024 年春季学院组织安全干部培训

三、工作成效

（一）发挥专业教师力量，营造社区优良学风

学院选派优秀教师担任教师班主任和学业导师，选聘优秀学生助理班主任和学生党员担任朋辈导师，定期在社区组织学风建设主题班会，在学生寝室、公用房、实验室等学生社区场域开展"百场导航"、"点睛课堂"、"学霸有约"等学业能力提升活动，编纂飞跃手册、"学霸笔记"等"百生导学"案例典籍，建设学困生"追光班"帮扶制度，夯实学业支持发展平台，弘扬优良学风。2023年全年累计开展"百场导航"35场，整理优秀学子"学霸笔记"15本，下载量超过2500次，"朋辈领学"全年累计授课超100小时。2021—2023年学院优良学风班比例连续三年均超过80％，学生深造率2020—2023年连续四年超过75％。

（二）打造社区工作品牌，助力学生全面发展

学院高度重视学生社区文化建设，通过辅导员、班主任进班级，定期举办班长工作交流会，设置专项班级活动经费等措施，鼓励打造特色班级文化。举办班级风采展，覆盖本科2021级、2022级全体30个班级，700多名同学的精彩展示充分展现了光电学子积极向上的精神风貌，强化了班级同学的集体荣誉感。2023年秋季运动会中，学院获本科甲组团体总分第一，实现五连冠，平时大力开展荧光夜跑、趣味运动会、学院篮球赛等群体性体育活动，激发学生活力，累计已有1200多人次参与活动。

2023年学院在秋季运动会中获本科甲组团体总分第一

2023 年 4 月学院荧光夜跑第一批次师生合影留念

（三）完善师生联动机制，稳固平安社区压舱石

学院对思政队伍分工情况及联系方式进行公开，建立"学院—年级—班级—寝室"四级网格化管理体系，选配 200 余名班级寝室安全员，划分安全管理职责，提升学生安全意识。2023 年，学院组织辅导员、教师班主任、学生助理班主任队伍深入学生中，了解学生生活面貌，开展学生干部安全培训、安全教育月等安全教育活动 70 余场，做到安全教育年级、班级全覆盖。落实辅导员队伍社区值班制度、双周卫生大检查制度，2023 年，共完成 8 次宿舍安全大检查，各年级自查 10 次以上，以查促改，以改促建，共树立 4 个标兵寝室、17 个优秀寝室建设先进模范典型，通过定期社区安全大检查工作，全力消除安全隐患，帮助学生养成安全行为习惯。完善分级上报机制和应急处突机制，做好危机事件的有效预防和应急处置，辅导员在住楼期间，累计完成接诉即办工作 50 余项。

学院 2 个本科生寝室获评学校本科生标兵寝室

从"资助助人"走向"资助育人"
——以材料科学与工程学院勤奋励志成长班为例

材料科学与工程学院｜刘子灵　孙　伟　蒋文海

华中科技大学材料科学与工程学院（以下简称材料学院）党委深入学习贯彻习近平新时代中国特色社会主义思想，贯彻落实党的二十大精神，坚持立德树人的根本任务，充分发挥崔崑院士先进事迹的示范引领作用，引导全体材料学院学生赓续崔崑院士"矢志报国、勤奋向学、无私奉献"的精神，厚植家国情怀，推进"以德立班"在院系落地生根，将思政工作优势转化为集体成才的强大动力。自2021年起，材料学院开展了"勤奋励志育人计划"一院一品项目，即建设和培养材料学院勤奋励志成长班。

勤奋励志成长班代表看望崔崑院士

一、开展情况

材料学院以获得由崔崑院士设立的"勤奋励志助学金"的同学为主体，成立勤奋励志成长班。班级以"自立""助人"为主线，贯穿班级培养方案，以"勤奋励志班委会""勤奋励志服务队""勤奋励志宣讲团"三支队伍为载体，采取理论学习、主题研讨、志愿服务、实践活动等形式，通过德智体美劳五育并举全面培养，实现新时代资助育人，引领学生努力成长为新时代材料人。

校党委副书记张耀参加勤奋励志成长班主题团日

班级重视制度建设，将班级成员分为班委会、宣讲团和服务队三个小组；打造团支部"六个一"工程，即坚持每月一次主题团日、每月一次志愿服务、每年一次复盘总结、每年一封感谢信、每年一次社会实践、每年必上一次讲台，促进学生德智体美劳全面发展。

班级以理论学习为基础，贯彻学习实践并行理念。两年内已开展 47 场主题为"读书分享""未来规划""学习方法""兴趣爱好""心理困惑""简历指导"等的专家和朋辈讲座。聚焦"如何讲好一堂微团课""我眼中的材料科学""如何培养一个兴趣爱好""批评与自我批评"等专题展开小组研讨。班级共计开展主题社会实践、企业走访、红色走访 20 余次，共覆盖 14 个省市，班级成员积极响应"每月一次志愿服务"的号召，活跃在校内外各项志愿活动中，开展志愿服务时长累计 1000 多小时，服务对象超过 20000 人次。

另外，班级重视崔崑院士精神的传承发扬和班级文化的输出。在崔崑院士的感召下，勤奋励志成长班全体成员在学院开展学习教育活动，引领更多同学树立勤奋励志品格，坚定矢志报国志向。

二、创新做法

（一）多点开花，落实推进全面发展

百年树人，教育为本。为推进学生德智体美劳全面发展，勤奋励志成长班坚持每月开展一次讲座活动，引导学生珍惜学习时光，心无旁骛、求知问学，增长见识、丰富学识，沿着求真理、悟道理、明事理的方向前进；定期开展户外运动，如植树、爬山、素质拓展，让学生在体育锻炼中享受乐趣、增强体质、健全人格、锤炼意志。

（二）脚踏实地，现场走访领悟科学

"凡事都要脚踏实地去做，不驰于空想，不骛于虚声，而唯以求真的态度做踏实的工夫。"勤奋励志成长班致力帮助学生在实地学习中领悟科学精神，引导学生树立远大志向，激发他们的工作激情和澎湃动力。项目开展以来，班级坚持开展企业走访，带领学生近距离接触生产一线，了解实际生产情况；组建"两弹一星"精神大学生志愿宣讲团，赴成都中物院、绵阳两弹城等核工业基地开展"科技＋红色"实地调研学习，领悟科学家精神，感悟党历经百年风雨而始终充满生机活力的重要密码。

勤奋励志成长班赴成都中物院走访调研

（三）守正创新，评选勤奋励志班

为充分发挥崔崑同志先进事迹的引领作用，引导全校学生学习"矢志报国、勤奋向学、无私奉献"的精神，材料学院首次开展了勤奋励志班评选及表彰活动。在答辩中，每个班级共同参与班级风采展、默契大考验、说出班级故事的环节，在轻松愉快的氛围下展示优秀的班级文化，体现集体的魅力和凝聚力，推动班级营造更加温暖友爱的氛围。此次活动帮助学生修炼、反省自身，有助于他们将来成为勇担民族复兴大任的时代新人。

勤奋励志荣誉班评选活动

（四）知行合一，注重志愿服务开展

为时刻重视崔崑精神的学习与志愿服务精神的传承发扬，班级成员坚持每月一次的志愿服务，活跃在校内外各项志愿服务中。在湖北省科学技术馆耐心引导游客参观、帮助讲解、维持秩序；在格林东郡社区开展党群活动，挂牌"社区实践基地"。班级始终以理论学习为基础，贯彻学习实践并行的理念，以"自立""助人"为主线，引领学生努力成长为新时代材料人。

三、工作成效

（一）个人层面：促进自身成长，立志科技报国

在勤奋励志成长班的培养下，2023 年，来自 4 个年级的 33 名同学递交入党申

请书，班级党员占比超80%；班级同学共计获得国家级奖学金16项，其余校级以上荣誉62项；班级获得"挑战杯"全国大学生课外学术科技作品竞赛红色专项一等奖，被评为学校优秀社会实践队伍。班级同学保研率超过60%，专业成绩排名年级前20%的同学共18位，获国家级科研竞赛奖项8项、省级科研竞赛奖项3项。

（二）学校层面：引领集体成长，打造思政品牌

作为"一院一品"建设项目，班级以"自立""助人"为主线，以理论学习、主题研讨、志愿服务为核心打造培养方案，通过不同组织功能的3支小分队实现自我管理、自我服务，聚焦个人和集体共成长，是学院学生教育培养的特色抓手。学院以培养材料强国学子为目标，不断优化培养方案，持续加大投入力度，培育受资助学生矢志报国、勤奋向学、无私奉献的精神品格。

（三）社会层面：传递精神品格，引领向上力量

班级已开展47场专家和朋辈讲座，赴华工激光、华为、比亚迪等企业走访8次，赴武昌红巷、中山舰、格林东郡开展10余次社会实践活动，形成报告50余份，累计17万字。其中，"两弹一星"实践宣讲活动获得了《人民日报》《中国青年报》《湖北日报》等15家校内外权威媒体报道；班级与格林东郡社区共建挂牌"大学生社区实践计划实践基地"，班级成员参与的材料强国志愿服务队获评团中央2022年全国大学生科技志愿服务示范团队，产生了良好的社会效益。

勤奋励志成长班赴绵阳两弹城开展社会实践

勤奋励志成长班"两弹一星"精神大学生志愿宣讲团开展科普宣讲

"128" 计划打造师生共同体

化学与化工学院｜刘赵昊旻　聂红波

　　为进一步做好新生入学教育工作，将学院人才优势转化为思政优势，发挥朋辈教育的影响力，2019 年至今，华中科技大学化学与化工学院开展"128"计划，组建师生团队，助力化学学子入学后明确目标，全面发展。每支队伍由 1 名教师党员、2 名学生党员、8 名新生组成，实现了新生全覆盖。"128"计划贯穿大一学年，围绕开学迎新、温馨指导、学术领航、实践交流几个方面展开。师生团队走进学生课堂、社区、班团会，党委领导开展思政教育，推进党旗领航；专任教师指引学业发展、做好生涯规划；辅导员掌握学生思想动态，关怀学生身心健康；优秀高年级学生发挥示范带头作用，传递成长经验。五年来，"128"计划帮助了近 800 名新生快速适应新环境、提升专业志趣，起到了良好的宣传教育示范作用。

2020 年"128"计划开幕式

┃ 一、开展情况

华中科技大学化学与化工学院第一届"128"计划于 2019 年 9 月开展，当年形成了 22 名教师党员骨干-44 名学生党员骨干-161 名新生的树状联系结构。每一届"128"计划都按照阶段制定不同的工作内容，为新生引导、帮扶打好基础。

2020 年，第二届"128"计划与招生工作相结合，按地域优先匹配师生骨干与新生，以起到更好的团结引领作用。

2021 年至今，"128"计划更强调教师班主任的主体作用，以班级为核心，通过教师班主任推荐、新生报名、师生结队组成小组，让导师参与班团会、小组会，走近学生，分享自身经历，让学生走进课题组了解研究方向，将人才优势转化为思政优势。

2022 年，"128 计划"导师定期开展班委会、班会，共同加强班团建设；对重点关注学生持续追踪，解决其学业、心理问题；教师班主任走进学生社区引导学生成长，加强学风引领、关注学生急难愁盼问题，打通教书育人"最后一公里"。

2023 年，"128"计划由教师班主任领头，学院七大研究所不同学科方向老师加入，形成指导老师团体。高年级学生党员带队走进实验室，组织班内交流，形成丰富生动的学科初印象。

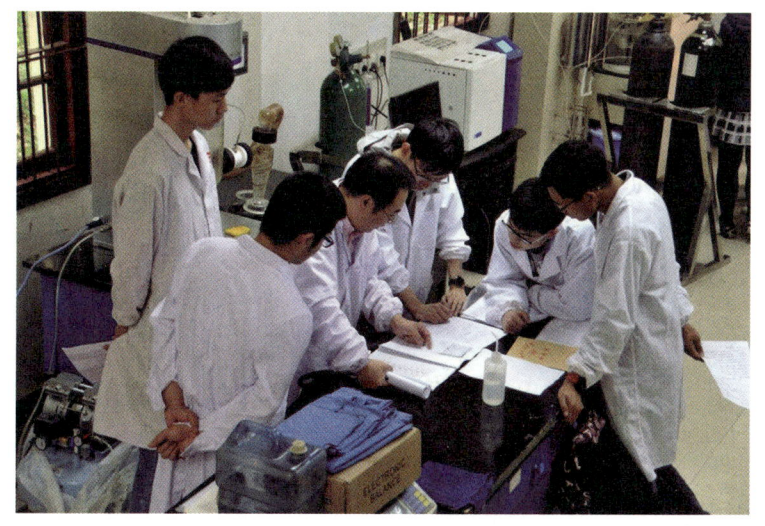

"128"计划走进实验室

五年来，"128"计划将教师的言传身教与学生的朋辈教育相结合，打造师生联合共同体，充分发挥了教师模范带头作用和学生朋辈帮扶作用，收效良好。通过教师、学生骨干对新生进行网格化管理，既加强了新生的理想信念教育、爱校爱院教育，又提升了新生年级的学风建设与班级建设，起到了良好的示范教育作用。

二、创新做法

（一）加强入学引领，关怀学生成长

新生到校一周内，"128"计划指导老师、指导学生走访寝室，与新生亲切交流，在开学初期了解新生的心理状态和家庭情况，为新生快速适应大学生活，调整状态融入集体起到了重要作用。

（二）坚定理想信念，厚植爱国情怀

"128"计划师生骨干均为中共党员、入党积极分子，对新生的理想信念教育发挥着重要作用。利用新中国成立 70 周年、建党百年、党的二十大胜利召开等契机，"128"计划师生开展了一系列有意义、有趣味的主题活动，潜移默化地让新生厚植家国情怀。2019 年，以新中国成立 100 周年为契机，学院组织"手举小红旗"环校晨跑活动，在毛主席像前合影留念；开展"不忘初心，牢记使命——30 年后的祖国，我们能为她贡献什么？"主题班会，同学们在班会上思考"新时代我们为何读书"等问题。2020 年，学院结合"共抗疫情、爱国力行"主题教育、"四史"学习教育，开展"四史知识铭于心，初心使命践于行"党史知识竞赛、预备党员宣讲团进新生班级、红色电影放映室、红色文化论坛等爱国主义教育活动，以赛促学，以学促思。2021 年，结合建党 100 周年，"128"计划师生开展了学习习近平总书记重要讲话精神主题团会、红色经典书籍分享会，也组织学生积极参与地铁站义工、省中医院义工等志愿服务，在学习中感悟新思想，在实践中提升本领。2022 年、2023 年，"128"计划以党的二十大为主题开展专题班会，引导学生坚定理想信念。

"128"计划庆国庆晨跑

"128"计划师生茶话会合影

开展党的二十大精神学习

（三）提升心理健康，构建干预机制

"128"计划在保障学生安全与稳定、加强学风建设方面发挥了巨大作用。通过走访寝室、谈心谈话，"128"师生团队对新生的家庭情况、成长经历、目前困惑与发展需求都有了较为全面深入的了解。基于此，"128"计划师生团队摸排出存在感情问题、家庭经济困难等情况的新生，并及时向学院报备，便于学院后续干预与帮扶，成功化解了多起危机事件。

（四）加强学风建设，营造良好学风

以"128"计划小组为单位，构建师生共同体，积极开展答疑茶话会、集体自习等活动，帮助学生树立远大目标，养成良好学习习惯。疫情期间，"128"计划师生团结一心，相互传达防疫信息与学校、学院重要资讯。同时，学院开展"学风建设云工程"，组织线上学习活动，对疫情下学生在家学习动力不足、学习效率不高等问题提供了积极的解决途径。

三、工作成效

（一）思政育人春风化雨

学院以一站式社区为基地，以"128"计划为抓手，将思政课堂开在社区中，将育人力量请进社区来，让思政育人春风化雨。邀请学院党委书记为本科生与研究生毕业生党员上最后一堂党课、讲授调查研究专题党课暨学生骨干座谈会。组建优秀教师班主任宣讲团，彰显"化学强国"使命担当。开展"九一八"爱国主题宣讲活动，组织党史知识竞赛、红色观影活动、党员寝室挂牌等。学院年满18岁的新生提交入党申请书比例达到近90%。以此为基础，擦亮社区品牌。"'思享化语'朋辈学习论坛，打造红色书香社区"项目获得2023年"学生社区文化活动"特色项目立项。

（二）专业志趣逐步提升

2019年以前，化学与化工学院新生普遍存在着对所学专业不自信、对就业前景较迷茫的问题，这些疑虑也对学生快速融入大学生活，树立远大目标，做好生涯

优秀教师班主任宣讲团

"思享化语"朋辈学习论坛

规划有着负面影响。通过"128"计划中师生骨干对新生开展客观、专业、全面的专业介绍和讲解，联动专业概论课，直面学生最关心的就业问题进行大讨论，极大地提升了学生对化学专业的认知，近年来学院的转专业率维持在10%左右，对稳定学生的情绪，提升他们的专业志趣起到了很好的作用。

（三）学风建设卓有成效

五年来，学院结合"128"计划开展形式多样的学风建设活动。学生自发组织开展线上、线下答疑坊50余期，邀请"学霸"答疑解惑；带领学生走进各大课题组，激发科研兴趣；导师举办讲座，开拓学术视野；举办"shall we talk"师生茶话会，传帮带助力成长；自主设计《说化》期刊，涵养文化氛围；教师班主任邀请导师与学生亲切交流，辅导员深入课堂、寝室监督学生的学习情况，教务老师定期开展教学问卷调研，及时根据学生的反馈调整。学院从同学们的需求与兴趣出发，构建起一套较为完善的学风建设体系，优良学风班占比过半。

《说化》期刊（仅供学院内部交流）

学在华科大

"4＋2＋1＋N" 体系培育优良学风

公共卫生学院｜冯　霞　周　丹　康　鹏

近年来，华中科技大学公共卫生学院党委全面落实"三全育人"理念，积极探索卓越公共卫生人才培养规律，构建"4＋2＋1＋N"网格化学风培育体系，助力培育优良学风，着力培养"国际视野、家国情怀、同济风格、专业卓越"的高层次复合型公共卫生人才，让"学在华科大，学医在同济"的品牌更加响亮。

一、开展情况

"4＋2＋1＋N"网格化学风培育体系，"4"指依托预防医学专业学生培养阶段而形成的"专业思想教育、实践锻炼、科创培养、大赛牵引"4个环节；"2"指"班级、寝室"2个基础建设；"1"指"预防医学本科生综合能力提升训练营"；"N"指围绕学风建设所实施的 N 项举措。

优化体制机制。学院先后设立"4＋2＋1＋N"网格化学风培育体系项目工作小组、学风督导小组，建立学院学业发展支持中心、打造"本科生综合能力提升训练营"。

深入开展调研。全院范围内发布《公共卫生学院"4＋2＋1＋N"网格化学风培育计划书》。通过问卷调查、集中研讨、实地走访、分析教学数据、进行日常反馈等方式开展学风大调研。

加强制度建设。通过完善校院两级学风建设督导机制，制定《公共卫生学院本科生学风督导考核管理办法》加强学风督导。此外，充分发挥集体作用，制定帮扶方案，做好学生学业辅导、搭建线上学习平台，共同营造良好氛围，不断加强学生自我教育、管理和服务。

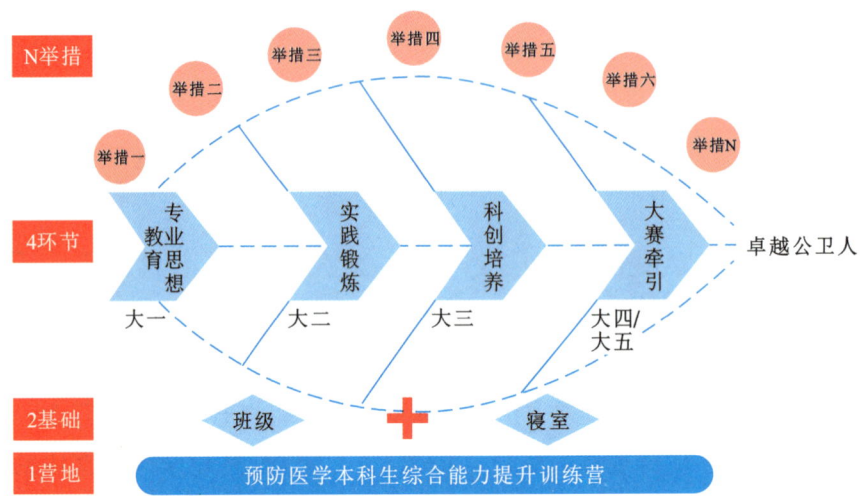

"4＋2＋1＋N"网格化学风培育体系

目前，"4＋2＋1＋N"网格化学风培育体系分层分类推进，学院形成了"教工—学工""课内—课外""教师—学生""本科生—研究生"联动育人机制，以学院大思政队伍为核心，打造由"教师班主任、课程导师、朋辈导师、行业导师和学业咨询师"组成的五支导师队伍，倡导先进的学习理念，通过开展多样化的活动，满足不同类型的学生在学业方面的需求，提倡尚学新风尚，营造良好学习风气，取得系列成效。

二、创新做法

（一）加强"4个环节"教育，构建"乐学—动力"体系，激发学生主动学习

学院以习近平新时代中国特色社会主义思想引领学风建设，强化学生理想信念教育，帮助学生确立学习目标。面向大一新生开展专业思想教育，结合大二学生的专业开展暑期社会实践，组织大三学生开展大学生创新创业项目，动员大四、大五学生参加全国大学生公共卫生综合知识和技能大赛和全国大学生健康科普大赛。在各环节中大力宣传学风典型，加强榜样引领，通过微信公众号开展学风典型宣传、优秀毕业生党员事迹巡讲。

邬堂春院士为新生讲专业

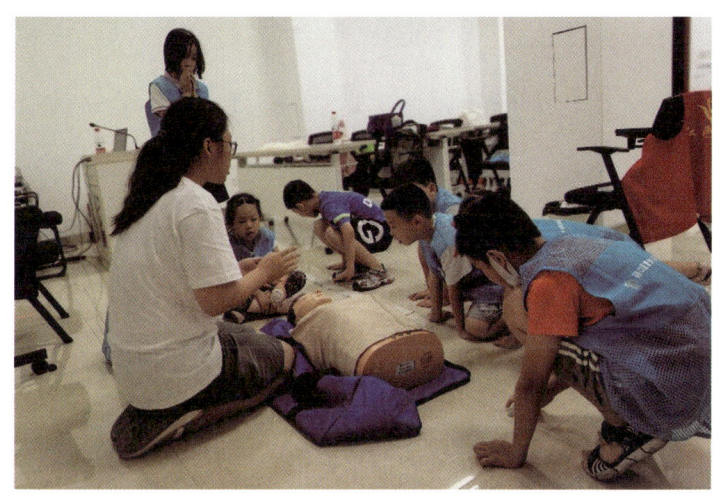

学生开展社会实践

（二）加强"2个基础"建设，构建"督学—养成"体系，引导学生自律向上

学院采用"班级—寝室"的精细化管理模式。采取的措施有：完善班级管理制度；实行月主题班会、学业专题活动等；落实班主任日常工作规范制度；强化班主任对班级、寝室建设的指导；建立本科生个人成长档案；布置寒暑假作业，做好学期总结、个人回顾和新学期规划；签订优良学风班承诺书，制定寝室公约等。增强学生自我教育、自我管理和自我服务的能力。

标兵寝室风采展

（三）加强"1个营地"打造，构建"优学—发展"体系，指导学生创新研究

学院以"本科生综合能力提升训练营"为依托，结合学科特点、专业特色，积极鼓励本科生参与各类学科知识竞赛，推进学术创新实践研究立项。加强学生学术交流与探讨，提高学生创新实践探索能力。实施学业导师制，每位导师指导 5～10 名学生开展创新创业训练和学术科研，为学生提供个性化专业指导和咨询服务。大力开展学科竞赛，指导学生广泛参与，不断激发学生的求知欲、积极性和创造性，推进学生专业成长与发展，实现"以赛促学"。

（四）加强"N项举措"助力，构建"导学—相长"体系，实现学生互促互学

学院举办师生面对面的育人论坛，邀请专家学者与学生分享成长经历，用对话促交流、用交流促成长、用成长促成才。开展学风建设座谈会，征求教师对学风建设的意见和建议，优化课堂教学管理，提高教学质量。开展公共卫生叙事讲座，举办学风建设先进个人表彰活动及优秀学生事迹宣讲活动，通过宣传各类先进典型事迹，发挥示范引领作用。举办学习、考研、就业等各类经验分享交流会，覆盖全体学生，指导帮助学生开展学业和职业规划。

举办师生面对面人才培养论坛

开展公共卫生叙事讲座

三、工作成效

（一）形成服务公共卫生人才培养的学风建设范式

学院通过大量的理论研究和实践探索，累计召开分层分类学风研讨会 20 余场，集中研讨成果，撰写《分段融合，科教协同，公共卫生创新人才个性化培养》，荣获湖北省高等学校教学成果奖一等奖，为公共卫生人才培养提供了新范式。

（二）建成"4＋2＋1＋N"网格化学风培育体系

学院建成了"乐学—动力""督学—养成""优学—发展""导学—相长"四层次一体化的学风建设体系，日趋成熟。"乐学—动力"体系激发新生的学习兴趣，大二学生实践锻炼全面覆盖，大三学生科研素质不断提升，大四、大五学生拔尖人才培养渐显成效；"督学—养成"体系引导学生自律向上，形成了"班级—寝室"的精细化管理模式，为全体本科生建立了个人成长档案；"优学—发展"体系指导创新研究，梳理了公共卫生领域各学科竞赛目录，引导学生积极参赛、申请课题立项，提高学生创新实践探索能力；"导学—相长"体系实现互促互学，持续实施"学业导师""领航补习班""同济公卫暑期课程（与哈佛大学、卡罗琳斯卡医学院等合作开展）"等举措，广受学生好评。

开展同济公卫暑期课程

（三）助力学院拔尖创新人才培养

该体系实施以来，学风建设成效显著，本科生升学率高，接近70%，升学高校层次好，如北京大学、清华大学等。预防2101、2201班获评校"胡吉伟班"，33个班级获校"优良学风班"称号，近20个寝室获评校"标兵寝室"和"优秀寝室"，学院连续多年获评校"教师班主任优秀单位"。本科生在国际期刊上发表论文10余篇，单篇最高影响因子达13.37，授权国家发明专利4项，5人在国际国内学术会议中获奖。大学生创新创业训练计划项目获国家级奖项11项、省级奖项25项、校级奖项40项，学院学子在各类科技创新赛事中斩获国家级奖项

16项、省级奖项13项，学院连续多年荣获全国大学生健康科普大赛优秀组织单位。在学院官方微信号上开辟"青春风采、榜样力量"专栏，讲述"优秀毕业生、国家奖学金获得者、特优生"等200余名优秀学子成才故事，树立青年榜样，引领青春正能量。

校长尤政院士为公共卫生学院"胡吉伟班"授旗

持续擦亮"学在光电"品牌

光学与电子信息学院｜韩天阳　周云山　张　虎

华中科技大学光学与电子信息学院党委坚持全面贯彻落实习近平总书记关于教育的重要论述精神，把立德树人作为根本任务，深刻领会拔尖创新人才培养要求，有组织、有计划、有重点地加强学风建设，让"学在光电"的品牌更响亮。

▌一、开展情况

华中科技大学光学与电子信息学院长期聚焦学业发展支持中心建设，筑牢平台基础，建好育人队伍，打造"三个体系"，为学生学业发展、成长成才提供专业化的指导、咨询与支持。

围绕优秀学生因材施教体系，开展"百场导航"系列讲座累计 400 余期，超过 4.9 万人次参与讲座；组织开展"光电信息大讲堂"268 期；开展"百生导学"系列活动，累计超过 7000 人次参与活动；连续 7 年更新百生导学案例集，为学生成才筑梦领航。围绕学习发展能力培养体系，累计开展"点睛课堂"近 200 期，上传超过 15 门核心重难点专业课程视频课，播放量超过 6 万；上传超过 20 本学霸笔记，下载量超过 1.2 万；2023 年创新开展"晨光打卡"活动，培养学生晨读晨跑习惯，首期报名人数超过 150 人，全勤人数超过三分之一，为学生发展保驾护航。围绕学业困难学生建立帮扶体系，组织"学霸有约"授课累计超过 50 次，创立学业能力提高班"追光班"，累计帮助 160 名学业困难学生改善学业，落实"四个一"帮扶工程，为学生进步筑牢保障。

二、创新做法

（一）建强三支队伍，深化学风内涵

优良学风的营造，离不开育人队伍的主动引导。光学与电子信息学院针对学生不同需求，选优聘强育人队伍，持续深化学风内涵。

明确岗位职责，要求专任教师100％担任教师班主任，通过"一领二创三帮四导"，帮助学生牢固树立科技报国的理想信念，进行专业领航。邀请优秀的研究生学长、学姐担任学生助理班主任，贴近学生需求进行朋辈引航，传递学习经验方法，帮助学生树立学习目标，带领学生尽快适应大学生活。全体辅导员扑到学生一线，走进专业课堂听课，深入自习教室陪学，走访寝室了解学习状态，掌握学生学习情况。

育人队伍工作交流会

2023级学生刚入学时，不少学生反映数理课程难度较大，光电2309班教师班主任在一次班会上深入了解学生情况后，主动在班内开展学情调研，与辅导员一起协调全体教师班主任、学生助理班主任开展学情研讨，就学生关心的热点、面临的难点、学习的堵点充分开展讨论，并形成学情分析简报，有效地解决了同学们在学习上的难题。三支育人队伍职能明确、积极配合，形成强大的育人合力。

（二）夯实"三个体系"，强化学业支持

学院持续夯实学业支持发展平台，依托学业发展与支持中心，构建优秀学生因材施教、学习发展能力培养和学业困难学生帮扶"三个体系"，提供个性化、全覆盖的学业支持资源，强化学风支持。

面向优秀学生，辅导员组织选聘学业导师，鼓励学生尽早加入导师实验室开展科研训练，因材施教。针对不同学生的个性化需求，邀请专家学者、行业高管、优秀朋辈开展"百场导航"等活动，帮助学生开拓学科视野，提升专业能力。对于学习有困难的学生，辅导员帮助制订学习计划，通过"党员一帮一""学霸有约"等方式进行帮扶，确保他们不掉队。

走进教师班主任的实验室

学业发展与支持中心的负责人谈道："我就是'信号与系统点睛课堂'的受益者，当时临近考试，我的复习状况很差，中心邀请了'信号与系统'课程满分的学长来给我们进行知识点串讲，本来必挂的科目，反而成了我那年考得最好的一门科目。现在我们中心正在整理《单片机》的学霸笔记，这已经是今年的第15本。"

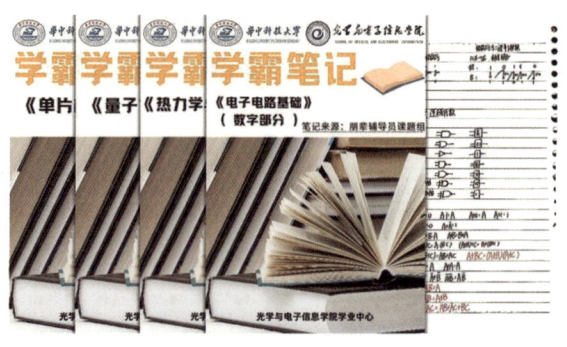

学霸笔记

点睛课堂

（三）鼓励"三早一晚"，激发学习兴趣

好的学习习惯对一个人的学习和发展至关重要。一段时间以来，"早起床、早读书、早运动"成为学生"最困难"的事情。光学与电子信息学院创新性地开展"晨光打卡"活动，晨读或晨练足够天数就可以获得相应奖励，活动首期就吸引了150余名同学参与打卡，超三分之一的同学在天气最冷的一段时间完成全勤打卡，朗朗读书声回响在湖溪河畔。同学们反映，"早起没有想象的那么困难，早起之后'早八'反而不困了，而且一天下来能做的事情更多了"。除此之外，学院还面向低年级同学倡导集体晚自习，2023学年2022、2023级学生晚自习参与率达100%。"晚自习已经成为习惯，全身心地投入进去，居然找到了心流状态，直到被保安师傅提醒才知道已经晚上10点多了。""晚自习学不进去的时候，我一般会出去运动，在操场跑上几圈，整个人都清醒了，反而更能进入学习状态。"未来，光学与电子信息学院还将策划更多更有趣的学风建设活动，鼓励更多同学参与进来，共同养成良好的习惯。

晨光打卡

集体晚自习

三、工作成效

（一）优良学风班比例再创新高

学业发展平台建设助力优良班风学风建设。2023 年，学院 40 个本科班集体获评优良学风班，数量全校第一；获评比率达 88.89％，创造学院历史新高，连续三年获评比例超 80％。

（二）科创竞赛成果突出

学业发展平台建设助推学院科创竞赛氛围。2016 年至 2023 年，光电学子获中国国际"互联网＋"大学生创新创业大赛、"创青春"全国大学生创业大赛、"挑战杯"全国大学生系列科技学术竞赛三大赛国赛金奖 15 项、银奖 4 项。2019 年至 2023 年，光电学子获中国研究生创新实践系列大赛国赛一等奖 8 项、全国大学生光电设计竞赛国赛一等奖 17 项。

（三）深造比例维持高位

学业发展平台建设推动学子高比例深造。学院通过开办飞跃留学分享会、保研分享会等成长交流会，编纂发放飞跃留学手册"百生导学"案例集等多项举措，全过程助力学生继续深造，学院 2024 届本科生继续深造比例为 82.11％，深造率连续 10 年超 70％，连续 5 年超 75％。

（四）理论成果丰硕

基于学业发展平台建设经验，学院成功申报并获批 2017 年湖北省高校学生工作精品项目，以"基于社区、延于网络、顶天立地、协同育人"为思路，构建全面的大学生学业发展支持体系，现已顺利结题，相关成果在《高等工程教育研究》等期刊发表论文 7 篇，出版生涯规划专著 1 部；相关育人成效有力支撑学院获得 2018 年国家级教学成果奖一等奖 1 项、2019 年全国教育系统先进集体，以及 2023 年国家级教学成果奖二等奖 3 项。

"学风涵养—多维导学"模式

建筑与城市规划学院 | 何立群　王　玥　黎懿贤

　　华中科技大学建筑与城市规划学院致力于构建学风涵养长效机制，紧紧围绕"夯实基础学风建设、打造系列学风品牌、树立崇高学术追求、建设思政行走课堂"的工作思路，在"交流会"系列、"研学游"机制、"大先生"制度等方面创新多维导学思政模式，着眼于培养具备人文情怀、科学素养、责任担当、国际视野、创新精神的高素质人才，运用专业所学，共同推进"美丽中国"学术交流，守护美丽中国。

一、开展情况

（一）多维导学，夯实基础学风建设

　　探讨建立学风建设长效机制，努力形成"点线面"同频共振新时代导学创新建规方案。以"点"入手，"博士生沙龙"活动主动发力，以头雁效应激发雁群活力；连"线"贯通，各专业学术活动引领导学，专业串联促进学科融合；全"面"覆盖，师生参与凝聚合力，推进"同行"学术文化品牌建设。几十个不同的学术分享主题共思、共论，优质的分享内容为同学们拓展学术视野，综合提升同学们的学术素养。

（二）群策群力，打造系列学术品牌

　　发挥平台组织优势，结合五大专业不同特点，积极打造学风建设的亮点品牌活动，以学院规划系"青年讲会"、设计学系"读书会"、"数字媒体·华光讲坛""景观学系·学术云"等学术品牌为代表，凸显学院的特色，助推学生科研，持续助力

实现培养全面发展的卓越创新人才目标。同时，定期开展学术学风宣讲，使得传统系列讲座品牌效应逐渐扩大，新兴学术品牌茁壮成长。

（三）榜样引领，树立崇高学术追求

以"建规百家"访谈德育导师为契机，分享学院名师等学科领域"大先生"的故事，以名师与当代青年时空对话的方式，通过"大先生"自身的师德和学术水平，激励学生追求卓越。鼓励导师以工作室为单位涵养工匠精神，积极参与实践，以多元化的互动场景为基本纽带对学生进行思想引领、价值塑造、学业培养。

（四）实践育人，建设思政行走课堂

课堂延伸校外，实践与学风、思政教育结合。为帮助同学们了解专业最新资讯，学院从书本教材学习过渡到实践探索认知，构建实践型育人模式，将课堂教学、志愿服务"搬到"乡村院坝、工厂企业，鼓励师生共同走出课堂、洞察社会，在深入社会过程中强化导师引导。师生一起深入农村、深入社区，在志愿服务中深化学风涵养模式、加强思想引领，打造"行走课堂"。一系列实践活动有助于增强学生专业认同感，帮助学生做出正确的价值选择。

二、创新做法

（一）"交流会"系列：以分享扬风采，以思想固根本

从"学起来"入手，理论固本，延续学风交流会系列，大力弘扬追求真理、严谨治学的求实精神。从"博士生沙龙"到"青年讲会"，从"华光讲坛"到"景观学系学术云"，通过构建具有专业特色的全过程学业支持体系，推进学术文化品牌建设，为学生提供多元化的视野和思维，巩固根本的思想基础，培养全面素质；同时，通过以"交流会"为代表的师生学术互动平台，促使不同群体在思想层面深度交流，形成共同的价值观和团队凝聚力。

（二）"研学游"机制：以行动塑精神，以实践促成长

以"用起来"为目标，深入实践，走出课堂，引领社会良好风尚。结合美丽中

国理念，续写好建规人把论文写在祖国大地上的辉煌答卷，以学科力量响应习近平总书记"协同推进人民富裕、国家强盛、中国美丽"的重要指示。通过"共同缔造""美育工坊"等实践"研学游"，将学风教育与实践教育、责任教育相结合，深刻地引导学生理解学习的本质是为了真正服务祖国大地。

（三）"大先生"制度：以师风带学风，以师风促学风

用"带起来"作关键，导师保障，榜样示范，形成学风导师涵养制度。以"建规百家"访谈德育导师为契机，选取学院学科领域"大先生"的故事，在学生群体中树立榜样、以师促学。同时，以导师为风向涵养工匠精神，在奋进乡村振兴道路上追求高品质的作品。师生在实践共同场域中展开沉浸式学习交流，进一步强化"工匠精神"价值认同。

三、工作成效

（一）百花齐放，活跃师生学术思维，营造科研创新生态

自品牌化举办学术分享活动以来，活动涉及本院多专业多研究方向，分享主题涉猎广泛、紧跟社会热点。学风建设共创形式多样：开展"博士生沙龙"活动共 46 期，近 3600 人次参与师生交流活动，开展"艺术同行""社区辅导课""考研天团"等建规特色学业指导活动 30 余场，发布学风建设相关宣传推文 138 篇，举办科学家精神讲座等活动 3 场次……多种类、多方位的学术分享活动为全院同学营造出浓厚的学术氛围，参与群体覆盖全体师生，多维导学、本硕博全覆盖贯通培养方式为同学们的课程学习以及未来发展都起到了积极的推进作用，营造了良好的科研创新生态。

（二）提质增效，推动学风道德建设，增强专业发展活力

学院多年来坚持进行底线教育，开展学术学风宣讲，弘扬学风正气，举办多场学术分享活动，不断为同学们分享新的学术知识与成果，有力引导新生树立正确观念、严守学风底线，长期为全院学风道德建设作出贡献。同时，学院通过构建实践型育人模式，深入基层开展志愿服务，强化学风道德建设：开展多堂

举办各种学术分享活动

"谦和建造"面对面、校企研学等校外研学实践课等近10期；举办"百校联百县"服务乡村、"共同缔造""美育工坊"等多期志愿服务活动……实践育人中深化的学风涵养模式有力推动了师生共同实践，形成了"亲近土地、服务社会、专业指导、就业引导"的独特风尚，改善了学生的学习风气，提高了学院的治学风气，推进了学院师生整体的学术风气，不同专业活力、战斗力和凝聚力显著增强。

"共同缔造"志愿服务活动

（三）合作对话，丰富导学交流形式，营造师生共进氛围

　　青年教师学者面向全院开展系列学术讲座，在活动中聊学术、谈感悟，答问题、话理想，与学生共进，打破了原有"师生只在课堂相见"的惯性思维，在行动中拉近师生感情距离、传递价值共识。2023年，学院共举办"博士生沙龙"46期，"景观学系·学术云"系列讲座28期，规划系"青年讲会"11期，设计学系"读书会"10期，"数字媒体·华光讲坛"4期，覆盖学生3500余人次。同时，朋辈激励辐射作用进一步扩大，通过同辈力量有效地在学生群体中营造良好的学术氛围，积累了学院优良学风班创建的新途径、新思路。

合作对话，多种导学交流形式 1

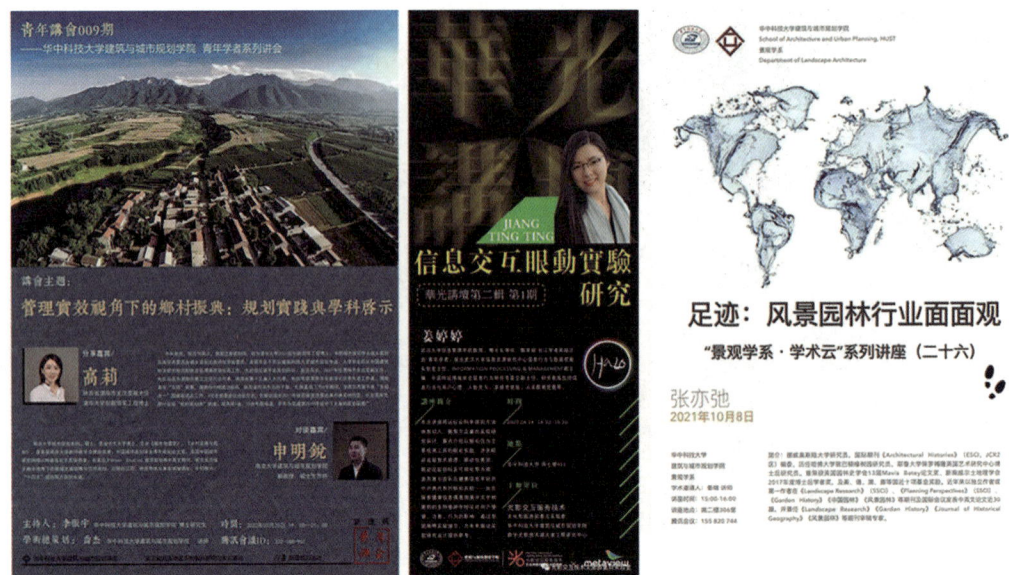

合作对话，多种导学交流形式 2

"1234X" 提升医学生科研素养

基础医学院 | 田德生　李骏锋　渠　冰　李永波

近年来，华中科技大学同济医学院基础医学院党委坚持立德树人根本任务，聚焦医学拔尖创新人才培养，用实际行动进一步擦亮"学在华科大 学医在同济"的金字招牌。积极探索"医学＋X"的高水平医学人才培养体系，逐步形成"思想引领强使命、管理服务助成长、科研训练育潜力、创新创业促发展"的医学生基础科研素养提升模式，努力培养具备"家国情怀、人文情怀、世界胸怀"的未来医学科学家和"仁心仁术"的临床卓越工作者。

一、开展情况

基础医学院自 2022 年 5 月获批"一院一品"项目以来，项目团队根据相关评委建议，结合学院实际情况，进一步完善"1234X"医学生基础科研素养提升工作方案，坚持"以学生为中心"，认真对标"卓越医生教育培养计划 2.0""基础学科拔尖学生培养计划 2.0"两项计划。学院通过"多方联动、四阶递进"等举措，搭建"医学＋X"多学科发展平台，提升医学生基础科研素养，充分发挥学校新时代党旗领航工程、班级成长工程等传统优势，积极搭建师生交流常态化平台、本科生科研训练平台和科创竞赛舞台，加强学院学业发展支持中心、学生综合素质能力提升工作坊建设，为学生成长成才提供强有力的支持和保障。

二、创新做法

（一）全员育人，打造"多方联动"学风建设引擎

横向到边，注重教师引领。学院为每一位学生配备思政导师（辅导员、教师班主任）、学业导师（专业教师）和科研导师（专业教师），从专业课程、基础科研、

日常生活三方面全方位助力学生的成长。学院定期开展学业导师见面会、"医学启航在基础"名医名师报告会、医学专业文化节等活动，形成了"使命驱动—大师引领—全程服务"的学生培养模式。

党委书记秦选斌作为教师班主任参与基础医学（强基）202101班班会

纵向到底，拓展学教联动。学院发挥平台优势，充分挖掘学院国家首批基础学科拔尖学生培养基地、基础医学实验教学示范中心和校医学拔尖人才"大思政课"实践教学基地的优质育人资源，对学生全面开放共享；依托学生组织，开展"春华秋实"文艺晚会、考/保研经验分享会、医学科研素养培育交流会，统筹推进五育并举；发挥榜样示范效应，成立"优秀学子成长领航团"，评比表彰"十佳榜样学子"，以榜样引领助推优良学风建设。

2023年医学生专业思想教育暨医学启航仪式

（二）全过程育人，完善"四阶递进"基础科研思维提升路径

完善科研"四早"模式。学院引导学生早接触科学前沿、早进课题、早进实验室、早进团队，举办国际暑期学校及各类科研讲座，为学生接触前沿科研提供方向。

将科技创新融入课堂教学。开展实验室轮转见习，在实验课程教学过程中注重启发式、研究性学习，激发学生的科创热情、主动性和内生动力，确保学生扎实掌握医学理论知识，为科研训练奠定厚实基础。

强化科研训练。开设"双创"课程、成立医路求索宣讲团、开展国际学术大讲堂、举办国际暑期学校，助力学生形成基本的科研能力和科研素养。

创新实践促发展。支持学生参与各级各类大学生创新创业项目，组织学生参加学院本科生学术年会，有组织、有目标地培养学生的批判性思维、科学精神和创新能力。

2023 级基础医学专业五年制及强基班全体同学合影

（三）全方位育人，搭建"医学＋X"多学科交叉融合创新能力培养平台

依托国家级、省级、校级各类大学生创新创业训练计划项目和"求是杯""挑战杯"等系列大赛，促进基础与临床深度融合，跨学科交叉融合；带领师生团队前往武汉迈瑞生物医疗、武汉联影智融医疗、上海念通智能、深圳市韶音科技等公司

交流，围绕生命健康、临床诊疗、生物安全、药物创新、疫苗攻关等领域，为学生初步搭建"医学＋X"多学科交叉融合创新能力培养平台。建成人体生命科学馆湖北省科普教育基地，成立同济医学院红十字会，举办寻访脑科学精英学者活动、全国道德模范王争艳医生交流分享会，开展红十字精神志愿服务，在医学实践中培育家国情怀、人文情怀和世界胸怀。

2023 年基础医学院医学科研素养培育交流会

三、工作成效

（一）初步形成医学生基础科研素养提升新模式

学院坚持"以学生为中心"，以各级各类大学生创新创业训练计划（后简称"大创"）项目为基础，以本科生学术年会为进阶，逐步建立项目库和导师库，努力冲击各类学科竞赛，有效助力拔尖创新人才培养。

思想引领上，深化新时代党旗领航工程，基础医学（强基）202201 班立足于科研报国，入围创建 2024 年校"黄群班"；基础医学本科生党支部获评校先进基层党组织、校样板党支部，引导广大学生树立"'医'心向党，科研报国"的理想信念。

管理服务上，学院将拔尖创新理念融入医学教育全过程，学院领导率先垂范，书记院长工作在拔尖创新人才培养的最前沿；定期邀请经验丰富的校团委和兄弟院

"样板党支部"

系领导老师对学生开展指导培训；建立学工团委、教务、研究生、科研多科室协同合作，定期分析研判科技创新难点和不足；加大经费投入，完善激励机制。

科研训练及创新创业发展上，针对性引导学生参与各级各类学科竞赛，如教育部基础医学"101 计划"拔尖学生创新论坛、大学生医学虚拟仿真实验技能大赛、全国大学生基础医学创新论坛暨实验设计大赛（后简称基础实验设计大赛）、"挑战杯"全国大学生课外学术科技作品竞赛等。

首届教育部基础医学"101 计划"拔尖学生创新论坛

（二）进一步巩固"学在同济　严在基础"的良好学风

学风基础数据表现优异。一方面，优良学风班数量多。2022年有39个，2023年有34个（涉及学制变化，基数减少），体现出学院优秀的学风建设成果。另一方面，2021—2024年的本科毕业生深造率持续上升，本科生深造率2024年创新高，达94.44％。

"大创"项目稳居全校第一。基础医学院2020—2023年本科生主持各级各类"大创"项目897项，本科生参与各级各类"大创"项目的比例接近80％。

基础医学院2024年本科生学术年会

学生科技创新成果突出。2023年学院教师指导的本科生项目在第十八届"挑战杯"全国大学生课外学术科技作品竞赛全国决赛主体赛道中荣获一等奖，也是在主体赛道中我校医科唯一获奖项目。研究过程产生了3篇高水平论文（总影响因子达到33.5）和4项专利，均由本科生担任第一作者或第一发明人。2021级本科生柯妍的"抗真菌药物靶点蛋白FKS1介导的真菌耐药机制研究"获评2024年度华中科技大学本科生自然科学创新基金项目。

本科生竞赛获奖和学术论文发表量稳中有进。2023年，学院30名同学在国家级竞赛（"挑战杯"、基础实验设计大赛、全国大学生英语竞赛等）中获奖，14名同学在省级竞赛中获奖。2024年，学院本科生在教育部基础医学"101计划"拔尖学生创新论坛、湖北省大学生医学虚拟仿真实验技能大赛中取得优异成绩。此外，2023年学院本科生担任第一作者在权威期刊发表SCI论文近10篇。

第十八届"挑战杯"竞赛现场

培育数学家　强基兴中华

数学与统计学院｜王　黎　　王　玥　　王雅鑫

华中科技大学数学与统计学院坚持以立德树人为根本任务，坚持为党育人、为国育才，引导学生积极践行社会主义核心价值观，主动服务国家战略，立志成为担当民族复兴大任的时代新人。近年来，针对学院本科生实施"数学 JIA 计划"，着力培养数学基础厚、理论素养好、创新思维强的数学与应用数学拔尖人才，凝聚数学专业自信，提升学生专业素养，促进师生融合与课程思政，努力将学生培养成为国家乃至世界数学领域的专家学者和科学家。

一、开展情况

2021 年 12 月 3 日，经过为期一年的试点工作，学院吸取经验、总结教训，在科技楼 706 举办第一期"数学 JIA 计划"启动仪式。第一期"数学 JIA 计划"吸引了全院 30 余位同学报名参加，计划试点期间的指导老师和学员代表分享了个人感受，号召大家在参与"数学 JIA 计划"时，要坚定理想信念、勇于度过知识晦涩难懂的前期，深刻认识到学习是螺旋式上升且波浪式前进的，鼓励大家达到既学习课外知识，又对学业有促进的境界。

2022 年 4 月，学院以"学数华科大，强基兴中华"为人才培养理念，以工科专业课程思政教学的"华科大方案"为指导，赋予"数学 JIA 计划"新的内涵，这个"JIA"，代表培养数学人才的三个目标：第一是培养深耕基础理论的数学科学家的 A 计划；第二是数学加其他学科，形成数学学科交叉的 B 计划；第三是久久为功，形成献身党和国家需求的数学家国情怀。基于此，"数学 JIA 计划"申报学生思想政治工作"一院一品"项目。

2023 年 6 月，该计划通过学生自主申报、学院考查的方式进行，学院重点考查项目对学生思想政治素质、学术兴趣和发展潜质的培养。2023 年"数学 JIA 计划"共招收 40 余人，3 人为一组，培养期为 1—2 年。A 计划主要面向数学强基班和本科二年级及以上学生，B 计划主要面向本科三年级及以上且学有余力的学生。

A 计划以培养未来数学家为目标，着力于培养思想水平高、数学基础厚、理论素养好、创新思维强的数学拔尖人才。B 计划以培养未来行业精英为目标，尊重学生的兴趣爱好，以学科交叉为方向，在芯片、人工智能、大数据、工业软件等存在"卡脖子"现象的行业和领域，对学生进行有针对性的培养，服务国家战略需求。

二、创新做法

（一）紧扣时代需要，抓住发展机遇

贯彻全国高校思想政治工作会议精神和全国教育大会精神，坚持把立德树人作为中心环节，围绕学生、关心学生、服务学生，促进全员、全过程、全方位育人。新时代国家之间的竞争核心是基础学科实力的竞争，为了实现基础学科建设对国家战略的支撑作用，数学作为基础学科之一，要紧紧抓住基础学科发展机遇，促进学科建设，提升学生专业能力，面向国家重大需求，着力于培养数学专门人才和交叉人才，深化"四个服务"。

（二）强化专业训练，培养家国情怀

大力推动本科导师制，推动学生进入基础学科深入研究、交叉创新课题组，参与讨论班和科研项目，培育科研精神，强化专业训练，创新人才培养模式。以学生课外科技实践活动为抓手，以思想政治工作为主线，以学生全方位发展为目标，凝聚学院文化，培养学生专业素养，立志培养出强我基础、爱我中华的拔尖人才，形成献身党和国家需求的数学家国情怀。

三、工作成效

（一）集成丰富导师资源

建设教师班主任与学工组辅导员双轨制安排，教师班主任负责专业指导，为学

生开展学科规划，学工组辅导员负责班级建设，为学生寻求学业帮扶，还有一批老师自发为学生开展课外竞赛指导，如王湘君、黄永忠、靳晓尚等中青年教师。学院邀请汤涛、田刚、徐宗本、袁亚湘、席南华、叶向东、张平七位院士，举办"科学精神与实践"学术周暨"数学大讲堂"院士系列报告会。学院组织数学拔尖人才培养师生交流座谈会，邀请北京大学数学科学学院教授范辉军校友、厦门大学数学科学学院谭绍滨院长、中国人民大学数学学院教授葛化彬校友、普渡大学教授蔡智强校友等与学生进行面对面交流。

数学拔尖人才培养师生交流座谈会

（二）构筑优良学习风气

在社会、校、院、班四级联动下，同学们积极参加"数学 JIA 计划"，学院2023 年优良学风班比例接近 80％，相较 2022 年有大幅度提升。

学院学生形成了良好的专业学习风气：

2019 级何同学，在学习冈萨雷斯的《数字图像处理》后，开展课题"至少要用多少个点，才能区别出矩形与三角形，对于更一般的图形有没有更加普适的结论"研究，手动标注一批航空母舰类型用于训练机器识别。

2020 级胡同学，同北京大学、吉林大学、中山大学的几位老师进行座谈，自学 GTM52 前两章后确定研究方向，经过协调，与华南理工大学孙浩老师成立三校联合讨论班，自行完成一篇总结性小论文。

2020 级潘同学，阅读 Hungerford 所著的 *Algebra* 和 Hartshorne 所著的 *Algebraic Geometry*，与吉林大学和华中师范大学的同学合作，讨论和解决 GTM52 的部分习题并加以整理，完成论文 *Extending a Sheaf by Zero*。

2021 级程同学、洪同学、蒋同学、陈同学、曹同学，在张老师的指导下参与项目"Algebra"和"Algebraic number theory"讨论班，洪同学获大学生数学竞赛决赛全国一等奖、陈同学获大学生数学竞赛省一等奖、蒋同学获大学生数学竞赛省一等奖。

2021 级程同学、王同学，在施老师的指导下参与项目"LBM 方法"，该项目入选国家级大学生创新创业训练计划。

2021 级程同学、李同学、乔同学，在邹老师的指导下参与项目"隐私计算"，获得 iDASH 国际隐私计算竞赛第二名。

2022 级徐同学、朱同学、雷同学、陈同学，在向老师的指导下开展"李代数"讨论班。

（三）拓宽实践育人阵地

开展"数之青年"社会实习活动。学院积极帮助学生联系相关交叉行业和院系进行交叉学科领域学习，通过实习加深对数学学科及相关交叉学科的应用，包含深度学习与计算机视觉、土木与水利工程、船舶与海洋工程、经济、人工智能与自动化，以及地球系统科学等多个领域。

开展"数之社会"社会实践活动。2023 年共有 43 人报名"返家乡"社会实践，104 人开展暑期社会实践，同比增长 50%。"算法工厂"数愿团队两年里先后赴湖北省孝感市孝昌县，云南省临沧市临翔区、沧源县开展相关调研实践活动，团队实践活动围绕脱贫攻坚过渡期，聚焦建立返贫预警机制，巩固脱贫攻坚成果，为后续研究产业、人才、文化、生态、组织振兴打牢基础，2021 年获得"挑战杯"全国大学生课外学术科技作品竞赛红色专项活动全国三等奖，2022 年获评暑期"三下乡"社会实践省级优秀团队、全国大学生暑期实践成果 TOP10、全国"三下乡""返家乡"社会实践优秀调研报告（16/100），2023 年获得"挑战杯"全国大学生课外学术科技作品竞赛红色专项活动全国二等奖；"πe 之队"支教队赴湖北省孝感市孝昌县王店镇中心小学开展暑期支教活动，2023 年获得暑期"三下乡"社会实践省级优秀团队。

数学与统计学院"算法工厂"数愿团队

数学与统计学院"πe之队"支教队

开展"数之双创"创新创业活动。学院承办"中国光谷·华为杯"第十九届中国研究生数学建模竞赛，共有465个研究生培养单位、63345名在校研究生、21115支队伍通过审核。挂靠学院的数模协会承办学校科技节数学建模竞赛，参赛人数达900余人。林同学、周同学、陈同学在首届世界科学智能大赛中斩获流体力学赛道第2名，洪同学、冀同学获得第十四届全国大学生数学竞赛全国一等奖。

自党的十八大以来，以习近平同志为核心的党中央高度重视基础学科发展，多次在各种场合谈到破解"卡脖子"难题的根源在于要重视基础学科发展。未来，数学与统计学院将坚持以立德树人为根本任务，坚持为党育人、为国育才，引导学生积极践行社会主义核心价值观，主动服务国家战略，立志成为担当民族复兴大任的时代新人。

首届世界科学智能大赛现场

第十四届全国大学生数学竞赛决赛现场

"5211 育人计划"助力拔尖创新人才培养

能源与动力工程学院｜王艺程　孙　禄　李成璞

能源与动力工程学院自 2018 年开始实施"5211 育人计划",坚持"以生为本"的教育理念,探索形成"学生成长共同体",为育人环节源源不断地引入资源,营造师生共学、共发展的良好氛围,引导并支持一大批学生投入科创活动中。学院教师指导本科生的热情高涨,本科生投入学术科研活动积极性大幅提高,学术成果和科创竞赛奖项数年年增长,有效助力学科拔尖创新人才培养。

一、开展情况

"5211 育人计划"是"1 名专任教师 + 1 名博士生 + 2 名硕士生"组成育人小组,共同指导 5 名本科生的育人模式,"5211 学生成长共同体"以学生为中心,搭建起师生共育平台,以努力培育三类人才为目标,即杰出学术人才、行业领军人才、拔尖创新人才,发挥全院师生力量育人育才。

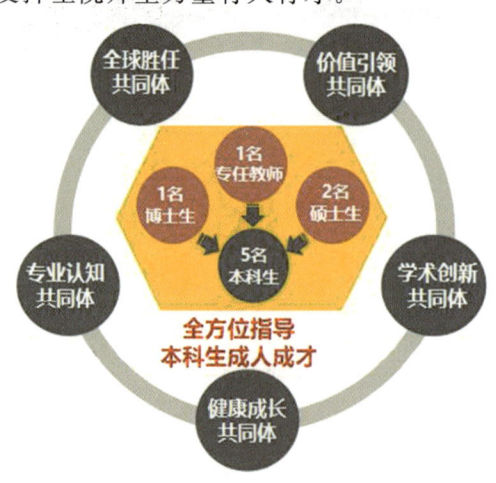

"5211 育人计划"图示

新生入学第二学期，由学工组负责将每位本科新生分配至相应指导老师名下，"5211育人计划"正式启动，直至那些新生本科毕业。通过建立学生成长档案、建立过程性评价模式、建立学分评定机制、建立师生共育荣誉体系把控育人过程质量，并评价育人成效。

一是建立学生成长档案。结合学生发展，建立学生发展大数据平台和成长档案，采集学生的生活信息，及时对学业困难学生进行有效预警。二是建立过程性评价模式。注重阶段性、长期性和持续性，坚持入学前评价、入学后评价与毕业后评价相结合，注重对学生的跟踪培养。三是建立学分评定机制。学院对每位学生的"5211育人小组"进行学期评价。四是建立师生共育荣誉体系。学院对在"5211育人计划"工作中表现优秀的研究生予以表彰，对于能够认真履职尽责、育人成效显著的"5211"导师，每学年由教务部门认定本科教学10—32个课时的工作量。

二、创新做法

（一）践行思政教育理念，建立价值引领共同体

"5211育人计划"强调全员参与的普适培养，即全体专任教师和不同层次研究生参与育人环节，全体本科生被随机划入"5211育人小组"，接受育人导师的指导。教师在与学生交流中贯穿思政教育，引导学生树立科技报国的远大理想，穿插进行社会主义核心价值观传达、"两弹一星精神"宣传、工匠精神培养等思想政治教育，提升学生的家国情怀。

（二）营造活跃团队氛围，建立健康成长共同体

"5211育人计划"同时强调不同个体的精准培养，即导师依据学生的学习、家庭、心理等数据反馈，规划学生个人成长发展路径。以文体活动为载体，学院组织师生篮球赛、师生健步行、合唱大赛等活动，吸引一大批"5211育人小组"参与其中，师生在交流互动中联系越发紧密。引导育人导师关注学生家庭经济情况、学习生活情况、心理健康情况等方面，注重人文关怀，根据个体情况，有针对性地制定学生个人发展路径。

育人小组参加师生健步行活动

（三）协调多方平台资源，建立专业认知共同体

"5211育人小组"内会定期分享团队课题进展、行业前沿发展，本科生在分享中能逐渐深入了解专业发展情况，进而提升专业认同感。利用专任教师的学术资源、专业资源、行业资源，通过"5211育人小组"组织开展校友讲座、企业走访、实践实习等学科知识交流活动，充分运用校友资源、企业资源，为加强学生的专业认知提供平台和资源，强化学生的专业认知水平和专业认知能力，提升学生对专业的兴趣度和认可度。

（四）延伸人才培养链条，建立学术创新共同体

学院通过全流程的跟踪培养和针对学生需求的精准调控再分配，实现每一位本科生都接受科创教育，每一位本科生都有贴合个人特质的培育方案，每一位本科生均可在感兴趣的课题方向深入探索。学院建立了学术研究发展模式，鼓励本科生进入"5211育人小组"的学术研究团。本科生进课题组、进组会、进实验室，形成了以"育人为中心、课堂为核心、实践为重心"的全方位多层次培养拔尖创新人才的教育方案。依托"5211育人小组"的学术资源，建立多个创新团队，将学生研究成果转化为科创作品。

"5211"导师指导学生参加科创竞赛

（五）着力提升国际视野，建立全球胜任共同体

学院聚焦于提升学生的国际视野、全球竞争力，引导育人导师充分共享国际交流资源，指导学生参加国际会议、国际夏令营、国际志愿活动等。学生在国际交流平台中学习国内外最新研究进展，分享个人研究成果，逐步开阔国际视野，提升国际胜任力。

"5211"导师与学生一起参加国际会议

三、育人成效

学院通过"5211育人计划"搭建师生互动平台，坚持"以生为本"的教育理念，推进落实"以学生为中心"的教育教学改革目标，同时有效促进师生的共同发展，探索形成"学生成长共同体"。在实施过程中，涌现了很多典型的育人案例，学生不仅增加了知识、提升了能力，也全面提高了综合素养，师生的关系和联系越显紧密。

以陈同学为例。他在所属的"5211育人小组"的一次组会中听了赵教授关于磁性材料的报告后，决定投身科研领域，进入赵教授课题组，在研究生的指导下提前走进实验室体验科研生活。除了参与多项国家自然基金重点项目、省部级项目以及各类研讨班，他还常和研究生们在微信群里探讨磁珠应用场景的具体问题，因为有着相近的研究方向，他在每周的固定时间都会和研究生聚在一起进行文献阅读分享。除了技术上的交流，他也经常就磁珠在机器人工业、仿真等领域的研究开展各项学习。在赵教授的指导下，陈同学由浅入深，从参加国际交流项目、到申请软件著作权，再到参加大大小小的学科竞赛和企业竞赛以及论文撰写，最终和自己的研究生师兄师姐们成为战友，一起在第十八届"挑战杯"全国大学生课外学术科技作品竞赛中取得了主体赛一等奖的好成绩，实现了学院在该项竞赛上的历史性突破。

获"挑战杯"竞赛主体赛一等奖现场

陈同学在专业学习、科学研究、志愿活动、文体活动中均有亮眼表现，成绩排名年级第三，获评华中科技大学本科特优生，参与德国亚琛工业大学寒假交流项目、南洋理工大学暑期交流项目，拥有 2 项软件著作、1 篇论文，获得国家级竞赛奖项 3 项、省级竞赛奖项 4 项、企业竞赛奖项 3 项。在参与"5211 育人计划"的过程中，他反馈："我很荣幸可以来到能源学院接受'5211 育人计划'的培养。我在赵教授的指导下完成磁珠脱汞的工程化，这也推动着我不断提升个人综合素质，最终获得了多项成果和荣誉。"

"5211 育人计划"现已覆盖学院全体在校本科生，实现专任教师全参与、本科新生全覆盖、成人成才全指导，在助力拔尖创新人才培养上起到了显著作用。计划实施以来，本科生参与科创活动的热情显著提升，实现本科生 100% 参与科创竞赛。2019 年以来，学院本科生累计获得校级及以上科创竞赛奖项 400 余项，科创竞赛国家级奖项数量创历史新高，在高水平赛事如"挑战杯"竞赛中实现历史性突破，本科生发表论文数量和质量、申请专利数量逐年增加，培养出一大批理想信念坚定、身心健康阳光，具有较高学术素养和创新实践能力的学生。

以"科学家精神"为核心
深化"三全育人"体系建设

武汉光电国家研究中心 | 韩　晶　李文龙　袁龙炎　孙　锦

在新时代背景下，华中科技大学武汉光电国家研究中心积极响应学校"一院一品"项目建设号召，以"科学家精神"为主题，积极探索和实践"三全育人"体系建设，取得了一系列显著成效。

一、开展情况

研究中心搭建"科学家精神"思政教育基地，围绕全员、全方位、全过程育人要求，建全员育人平台、创全方位育人品牌、立全过程育人体系。研究中心依托"科学家精神"思政教育基地，整合校内外资源，开展了一系列富有特色的思政教育活动。其中，研究生学术年会已成为学生思想交流的重要平台，而"创意光电"科普大赛则激发了学生的创新热情和实践能力。通过打造"科学家精神思政课程与课程思政实践教育基地"、"创意光电"科普大赛、学术年会三大品牌，构建"思政+科研学术"育人体系。

二、创新做法

（一）科学家精神融入展厅设计，搭建育人"大平台"

研究中心创新性地将科学家精神融入展厅设计中，通过实物、图文和多媒体等多种形式，生动展现了科学家们的科研成就和精神风貌，使展厅成为思政教育的有力支撑。研究中心在2021年对展厅进行了重新设计和扩建，建成的新展厅有近 1000 平方米，并于 2023 年 11 月启动建设新的科学家精神主题展厅。研究中心科学家精神/科普讲解志愿服务队每年接待超过 7000 人次来访，并深入中小学及社区开展宣传活动，产生较大的社会影响，对于弘扬科学家精神起到了推动作用，为培养拔尖创新人才提供了重要支撑。

华中科技大学武汉光电国家研究中心外景

华中科技大学武汉光电国家研究中心展厅内部照片

（二）做好新时代科普工作，践行科学家的使命与担当

通过"创意光电"科普大赛等活动，研究中心不仅提升了学生的科学素养，还将科学家精神的种子播撒到社会各界，特别是青少年心中。研究中心鼓励学生团队基于所学知识，创作科普作品，通过这些作品向公众普及科学知识，传播科学家精神。

华中科技大学武汉光电国家研究中心副主任朱芾教授在"国际光日"及
"全国科技活动周"期间为小朋友进行科普，传播科学家精神

《长江日报》报纸截图：抓住光电子不放松——黄德修教授谈光谷发展

（三）科学家精神融入思政课程，建设育人"大课程"

　　研究中心与马克思主义学院合作，将科学家精神融入思政课程中，通过案例教学、现场教学等多样化教学方法，提高了思政教育的吸引力和感染力。研究中心特别邀请了多位在科研领域有突出贡献的科学家，走进课堂，与学生面对面交流，分享他们的科研经历和心得体会。

▎三、工作成效

（一）构建协同机制，育人成效显著

通过系列活动的开展，学生的思想政治素质得到了显著提升，科研创新能力和实践技能也得到了有效锻炼。研究中心建立了独具特色的育人体系，构建课程、管理、服务、实践等教育的协同机制，开展五育学分机制建设探索，牢牢把握人才成长的根本规律，把思想价值引领贯穿学生的学习工作生活，实现全过程育人。学生在参与科研实践和科技创新活动过程中，展现出了强烈的探索精神和创新意识，不少学生在国内外科技创新创业竞赛中取得了优异成绩。

（二）获评国家级基地，打造标志性科普品牌

研究中心成功入选"十四五"第一批全国科普教育基地（2021—2025年）、全国首批"科学家精神教育基地"，并在多个国家级、省级科普活动中获得表彰。2019年以来，研究中心累计荣获全国科普日、全国科技活动周集体表彰4次，个人表彰4人次，1人获2020年科普讲解大赛省市双一等奖；"创意光电"科普大赛被湖北省科学技术协会评为优秀特色活动。这些荣誉不仅是对研究中心工作的肯定，也是对研究中心继续前进的激励。

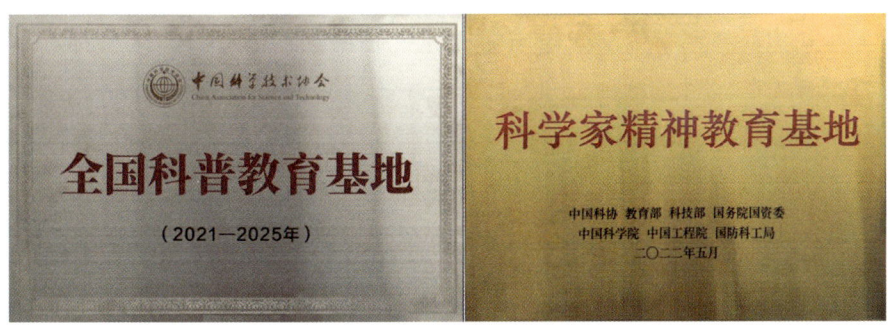

华中科技大学武汉光电国家研究中心获批"全国科普教育基地"及"科学家精神教育基地"

（三）社会影响力广泛，发挥示范引领作用

研究中心的科普活动和思政教育成果受到了社会的广泛关注和好评，有效提升了学校的社会影响力。在过去的一段时间里，研究中心积极组织和开展了一系列多

样化、富有创意的科普活动和思政教育活动，涵盖了科学、文化、社会和人文等多个领域。这些活动不仅吸引了校内外的学生和教职员工的参与，也吸引了广大社会公众的关注与参与。活动深受大家欢迎，反响热烈，多次被媒体报道。社会各界对研究中心的工作给予了高度评价，认为科普教育工作对于提升公众的科学素养、培养青少年的科学兴趣和创新能力具有重要意义。

本校本科生在研究中心参加"习近平新时代中国特色社会主义思想概论"实践教学

未来，华中科技大学武汉光电国家研究中心将继续以"科学家精神"为核心，深化"三全育人"体系建设，充分发挥研究中心国家级科研平台优势，着力培养具备国际化多学科视野、坚实的光电信息及其交叉学科基础知识，富有使命感和责任感及国际竞争力的创新型拔尖人才，构建更高水平的人才培养体系。

"IT 中国"思政工作体系

计算机科学与技术学院｜刘　鹏　毛紫昀　陈奕龙

为助力打造中国自主可控 IT 生态，华中科技大学计算机科学与技术学院打造"IT 中国"思政工作体系，坚持"四个面向"，将"IT 中国"融入学院创新科技人才培养全过程，引导青年高举伟大旗帜，担当使命任务。

一、开展情况

面对关键技术的"卡脖子"困境，如何培养实现 IT 生态自主可控的人才成为亟待解答的难题，而"IT 中国"思政工作体系正是华科大计算机科学与技术学院在不断探索的过程中对此给出的回答。

学院倾力打造的"IT 中国"思政工作体系包括信息前沿导论、核心课程思政、课外实践育人、就业价值观引领四个板块，坚持"四个面向"，把解决"卡脖子"问题、服务高水平科技自立自强、实现中华民族伟大复兴的理想与责任融入"IT 中国"思政工作体系，融入人才培养全过程。

"IT 中国"信息前沿导论课程于 2019 年起向学院本科新生开授，2021 年起向研究生新生开授，共开课 64 次，累计参学 3000 余人，在同学们中反响强烈。同学们纷纷表示课程既全面详细地讲解了计算机学科技术的前沿发展现状及前景，又生动深入地阐述了计算机技术在国民经济发展、民族复兴伟大事业中的重大作用，激发了大家为实现中华民族伟大复兴而发愤努力的决心与信心。2023 级的一位学生表示："在课程中我不仅了解到最前沿的热点，也感受到自己必须为国奋斗的使命担当。"

"课程要聚焦技术前沿、国际比较、责任担当，围绕增强学生为国家信息技术领域自主可控战略服务的责任感、使命感和紧迫感，建立正确的工程观、系统观、价值观，树立科学精神、工匠精神和奉献精神。"这是学院教学团队对于"IT 中

面向全体研究生新生的"IT 中国（信息前沿导论）"开课

新生在"IT 中国（信息前沿导论）"课上发言

国"核心课程思政的期待与要求，因为他们深知计算机专业的学子担任着服务信息技术领域自主可控国家战略的历史使命。包含 45 门专业课程（含选修）以及 5 门计算机核心课程的全面思政课程体系由此产生，做到了课程思政进计划、进大纲、进章节，实现了思政元素全覆盖，在提升学生计算机系统设计能力的同时，培养他们为国解难的使命感与责任感，为人才培养奠定了坚实的基础。

2023 年，依托于"大思政"社会实践，计算机科学与技术学院有 430 余名学生前往华为、金山、烽火等企业，开展"IT 青年行"科技实践活动，这也是"IT 中国"课程思政体系中"知国情""晓民意""懂行业"社会实践体系的重要环节。学院利用实践活动帮助学生实现对课内所学知识的转化，从书本到实践，鼓励学生积极参与到生产劳动、科研攻关中去，切实发挥学科优势，解决国内信息化领域的困难。

面对"培养什么人、怎样培养人、为谁培养人"的根本问题，学院始终坚持"立德树人、面向系统、软硬协同"的人才培养理念，紧密结合当前学术前沿与产业实践，聚焦于区块链、存储器、大模型等学术前沿概念与热点领域，深入剖析了科技领域当前的挑战和机遇，以生动的产业案例和奋进历程引导学生深刻认识计算机专业学生的使命和责任。针对应届毕业生，学院开展了包括系列就业形势报告、"与时·校友论坛"、"一对一"指导、就业价值观专项课题研究等，提升就业价值观引领工作的广度和深度，培养学生"不唯高薪，为国解难"的担当和使命。

"IT 中国"思政教育工作体系始终为推进我国 IT 生态自主可控服务，培育科技英才，引导学院青年学子高举伟大旗帜，担当使命任务，努力在强国建设、民族复兴伟业中挺膺担当，贡献 IT 青春力量。

二、创新做法

（一）打造 IT 思政课程，强化育人效果

"IT 中国"系列思政课程，在 IT 中国专业导论的基础上，构建了包含"IT 中国"课程导论、5 门专业核心课程的全面思政课程体系。课程导论旨在为学生提供对 IT 领域的整体认知，而专业核心课程深入剖析 IT 领域的核心理论和实践，通过理论研究、仿真实践等方式，不仅帮助学生在具体技术领域和工程实践中培养专业技能，更注重学生的综合素质和社会责任感的培养。学院将教学课堂作为育人主阵地，在提升学生计算机系统相关能力的同时，做到思想和知识"入脑入心"。

同时，充分重视强化 IT 系列课程的思政育人效果，提升教师的思想政治觉悟。一方面，通过专题培训，帮助教师们了解并掌握课程思政的教育理念和基本教学方法，切实增强教师的"育德意识"，培养和提升教师的"育德能力"，进而让教师养成在课程教学中主动研究、加强思想政治教育功能的自觉意识，促进学生将所学、所感、所悟内化于心。另一方面，学院于 2023 年 7 月、2024 年 7 月组织全体党员教师和部分积极分子开展中共一大会址红色之旅、开展西柏坡精神学习活动，其间还组织骨干教师结合学习专题讨论课程思政的建设工作。

2023 年，全体党员教师和部分积极分子开展中共一大会址红色之旅学习教育活动

（二）组建 IT 教学团队，完善课程设计

组建包括专家学者、业界技术与管理精英等共同组成的教学团队，课程负责人负责课程建设、教学团队管理、教学内容组织、集体备课、教学研讨和课程思政教学案例设计。

校企融合，协同育人。邀请来自国家超级计算无锡中心、中兴通讯、统信软件、浪潮集团的学术大家、高管相继为学子授课，不但带来了最新的前沿热点，还与学子分享创业的故事。这些对学生的工程观、系统观、价值观的养成，以及科学精神、工匠精神和奉献精神的形成有很大帮助，增强了学生投身计算机行业、为国奋斗的责任感和使命感。深化校企合作，同腾讯科技（深圳）、北京字节跳动、武汉金山办公软件、福建网龙计算机网络信息技术等多家知名公司开展校企合作。

积极联系国内信息产业行业领先企业，如华为、中兴、浪潮、长江存储、统信软件、达梦数据库等，拓展建立课程思政教育基地，组织学生赴基地参观学习、开展实习实训、开展毕业设计，了解产业发展现状，提高专业技能。

孙凝晖院士应邀主讲"计算机技术的发展——从 1200 年到 2050 年"

学生赴 IT 企业参观学习

（三）打造 IT 实践平台，开展科创活动

依托计算机学院大学生创新创业平台，积极开展创新创业实践活动，邀请知名企业为学生作讲座。拓展学生学术视野，组织优秀学生参加中国计算机大会（CNCC）、腾讯科学 WE 大会，听取学术前沿报告，了解量子计算、人工智能、宇宙探索等世界最新科研成果。组织学生参加"中国国际大学生创新大赛""挑战杯"等各类创新创业大赛，培养学生的创新创业意识。积极承办全国大学生信息存储技术竞赛、支付宝小程序开发者大赛等科创赛事，承办中国国际大学生创新大赛院级选拔赛等。

三、工作成效

（一）建立了全覆盖课程体系，深入人才培养全过程

坚持"四个面向"，面向新生，扎实开展"IT 中国"信息前沿导论；面向课堂主阵地，扎实开展"IT 中国"核心课程思政；面向第二课堂，扎实开展"IT 中国"课外实践育人；面向毕业生，扎实开展"IT 中国"就业价值观引领工作。基于这"四个面向"，实现了"IT 中国"对计算机学院学子人才培养过程的全覆盖。近年来，秦磊华教授领衔的"计算机组成原理"教学团队获全国高校教师教学创新大赛一等奖 1 项，获湖北省教学成果一等奖 1 项等教学奖项。

（二）实现了就业价值引领，培养为国解难的使命担当

"IT 中国"着眼于我国科技自主创新的紧迫需求，引导学生前往国家最需要的地方，在核心领域勇攀高峰，致力自主原创研究，为我国计算机事业的腾飞贡献力量，以自己的知识才干为国解难，落实就业价值观引领工作。国防军工、基层和国有重点企业成了越来越多计算机学子的毕业去向，每年有 25% 的同学到"卡脖子"领域、国防军工和国有重点企业工作，这一切都与"IT 中国"就业价值观引领密不可分。

（三）拓宽了学生学术视野，树立创新创业意识

"IT 中国"核心课程邀请国内知名专家与企业嘉宾累计 20 余人，在介绍行业前沿热点与综合知识应用讲解的过程中，拓宽学生学术视野。进一步深化校企联合，2023 年，校企联合育人项目共立项 9 项，包括就业实习基地类项目 4 项、人力资源提升类项目 2 项、定向人才培养培训类项目 3 项，其中与腾讯科技（深圳）有限公司合作项目于 2024 年 1 月入选教育部优秀案例。鼓励学生参加各类创新创业比赛、学科竞赛，全院年均获省级以上奖项 500 余项。学生在比赛中锻炼了创新能力和实践能力，培养了创新精神和创业意识。依托于校企联合实践平台，开展"IT 青年行"社会实践活动，年均参与学生达 1000 余人次，让学生走近技术前沿，开阔自身视野，激发学生创业热情。2023 年，学院获"中国国际大学生创新大赛"（2023）产业命题赛道全国金奖 1 项，第十八届"挑战杯"全国大学生课外学术科

技作品竞赛揭榜挂帅赛道全国一等奖 1 项、二等奖 1 项，第十届"创青春"中国青年创新创业大赛全国银奖 1 项，实现"三大赛"奖项全覆盖。

我院"图脑科技"团队在第十三届"挑战杯"中国大学生创业计划竞赛现场合影

服务网络强国战略，推进"网谷先锋"计划

网络空间安全学院｜高　飞　邹林宏

一、工作开展情况

党的十八大以来，习近平总书记亲自领导和直接推动网信事业发展，多次对网信人才培养作出重要论述，强调培养网信人才，要下大功夫、下大本钱，请优秀的老师，编优秀的教材，招优秀的学生，建一流的网络空间安全学院。中央网信办、教育部组织实施"一流网络安全学院建设示范项目"，对网安学院建设、网安人才培养做出具体部署。总书记有号令，中央有部署，华科大见行动。网络空间安全学院（以下简称网安学院）于 2019 年入选国家"一流网络安全学院建设示范项目"，2024 年再次以第一名的成绩入选新一期项目。学院在党中央对网络安全人才培养的具体要求中找方向，在国家一流网络安全示范高校建设任务中找路径，将中央对一流网安学院建设要求转化为学生思想政治教育的方向和路径，教育、引导、组织学生心怀"国之大者"，为国家网络安全作出实际贡献，在实践中锻炼，在贡献中培养。

二、创新做法

（一）服务国家网络安全工作

习近平总书记强调"网络安全为人民，网络安全靠人民"。

学院组织学生将专业所学转化为服务国家网络安全工作所需，积极引导学生参与重大网络安全保障工作，为学生搭建平台，提供机会，鼓励他们在实战中锤炼专

业本领。其中，2 名学生参与冬奥网络安全保障工作，25 名学生参与教育部、湖北省护网行动。在 2023 年教育系统网络安全攻防演习中，我校取得防守方第一；积极向有关部门建言献策，学生参与撰写的研究报告 1 篇获时任共青团中央书记处书记傅振邦同志肯定性批示，4 篇被《人民日报（内部参阅）》等国家机关刊物采纳；300 余名学生发现 112 个安全漏洞及系统隐患，其中含 14 个高危漏洞，向国家有关部门及时报告，避免了重大风险。

（二）推动教育、技术、产业融合发展

习近平总书记指出"要坚持网络安全教育、技术、产业融合发展，形成人才培养、技术创新、产业发展的良性生态"，并在网络安全和信息化工作座谈会上提出"可以探索搞揭榜挂帅，把需要的关键核心技术项目张出榜来，英雄不论出处，谁有本事谁就揭榜"。

网安学院探索学生创新实践"揭榜挂帅"制，引导创新实践从"学生选题，兴趣导向"转变为"企业出题，问题导向"，学生在校创新实践、科学研究奔着行业难题去、瞄准企业问题学。在中央网信办指导下，与蚂蚁集团、蔚来、奇安信、天融信、中国网络空间安全协会等开展合作，共同发起"网络安全学院创新资助计划"，学生获批项目 80 项，受企业资助金额达 480 万元，在参与高校中位列第二；与腾讯、华为、360、奇安信、绿盟科技等企业合作开设 14 门创新创业课程，不断提升学生实践动手能力，形成人才培养、技术创新、产业发展的良性生态。

网络安全教育技术产业融合创新成果交流会现场

（三）参与自主开源软件生态建设

《国民经济和社会发展第十四个五年规划和 2035 年远景目标纲要》明确提出，支持数字技术"开源"发展。

学院大力营造开源氛围，发挥学生在开源生态建设中的生力军作用。鼓励支持学生参与自主开源软件生态建设，联合计算机科学与技术学院、软件学院，牵头发起成立华中科技大学 OpenHarmony 俱乐部、开放原子俱乐部，每年举办开源奖励大会。在首届 OpenHarmony 竞赛训练营，学院师生最高奖项数、获奖总数均居全国第一；积极承办 OpenHarmony 城市技术论坛（武汉站），举办校内开源工坊活动 10 余次；学生联合校网络中心主导开发了纯国产化的新版华中科技大学开源镜像站点，增强华科大开源氛围；310 名学生成为开源贡献者。

首届 OpenHarmony 竞赛训练营现场

三、工作成效

（一）学生先进典型不断涌现

学院涌现出一批传承红色基因，具有创新能力和创业精神，具备实战素养和亮剑自信的网络安全人才。学院系统与软件安全团队、党支部获评湖北省"高校研究生样板党支部"、湖北省"青年五四奖章（集体）"，学生网络攻防团队获评学校"青年五四奖章（集体）"，一批学生个人和集体获校三好学生标兵、校先进基层党组织、校优秀共产党员、校研究生党支书标兵、校百个研究生党支部讲好百个校史故事优秀组织单位等荣誉。

华中科技大学网络空间安全学院系统与软件安全团队

（二）创新创业能力显著增强

近年来，学生科创成果丰硕，共获省部级及以上竞赛奖励 130 余项，斩获"挑战杯"全国大学生课外学术科技作品竞赛揭榜挂帅专项赛"擂主" 2 项，获特等奖 5 项、一等奖 4 项、二等奖 1 项、三等奖 1 项，获全国大学生信息安全竞赛、中国研究生网络安全创新大赛等专业学科赛事一等奖 16 项，竞赛成绩位居全国前列。多项学生创新资助计划成果入选 2023 年国家网络安全宣传周网络安全博览会，3 名优秀学生向时任中央网信办副主任赵泽良汇报成果。实战动手能力提升，在参与自主开源软件生态建设过程中，挖掘并修复华为、腾讯、阿里、中国移动等的开源操作系统漏洞多个，发现国家市场监督管理总局"登记注册身份验证" App、武汉政务平台等重要软件系统中的漏洞，及时进行了补救，避免了数百万用户数据泄露风险。目前，已孵化 2 家网安创业公司，学生创新创业团队入选湖北省大学生创业帮扶计划（全校仅 6 个团队入选），获耕塾创新团队奖（全校仅 3 个团队入选）。

"挑战杯"全国大学生课外学术科技作品竞赛获奖团队

（三）服务国家战略信念更加坚定

两年来，近半数学生选择到党政机关、国有企事业单位、军队单位就业，23人在中央、省市公安、国安、保密单位和军队等网络安全一线就业，50余人在公共通信和信息服务、能源、交通、水利等关键信息基础设施行业就业，越来越多的学生在网络安全主战场建功立业。

实践育人

践行科技报国，探索实施"卓越实践计划"

机械科学与工程学院｜陈　霈　段　政　梁　栋

制造业是国家经济命脉，是立国之本、强国之基。为深入贯彻落实国家制造强国战略，深度融入学校拔尖创新人才培养，鼓励学生积极参加社会实践，将论文写在祖国的大地上，华中科技大学机械科学与工程学院从 2012 年起探索实施"卓越实践计划"，组织大学生到中小企业去参与真实工程项目，帮助中小企业解决"智力"不足的问题，并培养具有解决挑战性工程问题能力的卓越创新人才，解决学生科技创新与社会生产不接轨的问题。计划自 2012 年实施以来，共计有近千名学生参与，帮助近百家企业完成 124 项课题，发表专利共 20 余项，获得省级以上奖项共 34 项，包含全国"挑战杯"竞赛特等奖、一等奖，全国大学生社会实践一等奖等，取得良好社会反响。

一、开展情况

"卓越实践计划"是由本科生、硕士生、博士生共同组成小分队赴小企业进行技术帮扶和创新工程实践的项目计划，旨在促进地方小企业稳步发展，搭建高校老师、学生及团队与企业合作交流的桥梁，以解决企业发展及技术研发上所遇困难与瓶颈为导向，对企业开展"智力"帮扶，结合大学生的创新实践能力和理论基础，努力实现大学生科技创新与企业实际需求相结合。

"卓越实践计划"自 2012 年开始探索实施，每年核心志愿者为 50—60 人。2019 年，团队派出来自机械专业的 12 名队员分赴湖北省专用汽车研究院、湖北程力专用汽车有限公司、湖北华威专用汽车股份有限公司及博士隆科技股份有限公司开展为期 4 周的实践活动，累计完成各类大小任务 30 余项，取得典型成果 4 项，项目成果得到了政府、企业及研究院的高度肯定。2021 年，选派 20 名同学赴深圳乐行天下科技有限公司、云鲸智能创新（深圳）有限公司等 11 家企业开展实践，完成各类任务近40项，完成20余万字实践报告，获得企业高度评价，相关企业纷纷提出要求进一步深化校企合作。2024年暑期，选派19名队员分赴武汉华威科智能技术有限公司、格力电器（武汉）有限公司等五家中小型企业，开展了为期1个月的实习实践，队员们累计完成技术项目14项，收到企业和社会各界的高度评价和认可。

2012—2024 年队员服务记录

此外，近年来机械科学与工程学院还组织本、硕、博学生赴一批行业前沿企业调研学习，包括西安现代控制技术研究所、中国航空工业集团公司第一飞机设计研究院、中航工业西安飞行自动控制研究所、中国核动力研究设计院、中国航空工业集团成都飞机工业有限责任公司等军工单位，海康威视数字技术股份有限公司、正泰集团股份有限公司、大华技术股份有限公司、浙江晶盛机电股份有限公司、浙江老鹰半导体技术有限公司等数字企业，庆铃汽车（集团）有限公司、中国汽车工程研究院、重庆万达薄板有限公司、宁德时代新能源科技股份有限公司、上汽大通汽车有限公司、一汽解放汽车有限公司无锡柴油机厂、中车株洲电力机车研究所等智能制造企业。

"追寻初心 制造强国"暑期寻访实践队

同时，学院组建"中国式现代化湖北实践青年先锋"科技创新寻访宣讲队，寻访了刘睿、李好、舒冬等十位在各个领域取得显著成就的青年科技工作者，并深入了解他们潜心钻研、勇攀高峰的科研精神与自立自强、坚持不懈的创新底色。

"中国式现代化湖北实践青年先锋"科技创新寻访宣讲队

二、创新做法

（一）形式创新，完善学生工程实践培养环节

在计划实施过程中，探索依托实验室成立学生团队，培养学生工程实践能力，鼓励学生深入中小型企业，为企业解决技术难题，检验并提升学生工程实践能力的模式，在全国高校中开了先河。同时在学院中形成浓郁的双创氛围，通过计划的实施，培养了学生的创新精神和科研能力，进一步激发学生创新创业的活力。

（二）内容创新，将学生研发能力转化成现实生产力

将学生的研发能力转变成生产力，模式推广后大批学生深入中小型企业，为企业解决众多技术难题，将在学校所学专业知识应用于企业研发，缓解中小型企业技术薄弱的问题，为社会提供了一股新的生产力，促进中小型企业的发展。同时帮助学生认识到专业学习的重要性，增强专业学习的兴趣。

（三）体系创新，以学生团队为校企联络纽带

由以往企业与学校的合作模式转变为企业、学生、老师、学校四方合作模式。学生作为中间的纽带，不仅能够将实验室的技术带入企业，还能根据企业及地方产业的需求引荐学校的老师，学生人数多、灵活性大、参与企业的面积广，有助于加大校企合作的力度，推进高校向企业和地方输送人才和技术，进一步支持中小型企业及地方经济的发展。

三、工作成效

（一）产生一批实践育人成果

自 2012 年实施"卓越实践计划"以来，有近一千名学生参与进来，共计帮助近百家企业，完成 124 项课题，得到企业和地方政府的高度评价，被《光明日报》《科技日报》等报道。服务团队连续多年获得湖北省优秀社会实践团队，获得 2012 年全国大学生社会实践一等奖（当年全国仅有 5 支队伍获此殊荣）。参与志愿服务的学生团队先后在东莞、无锡、荆门、随州等多地建立大学生实践基地，保证活动的常态化及可持续化。

（二）探索建立实践育人模式

通过多年的努力，学院探索构建了一种灵活的校政企合作模式，建立了小团队服务小企业的技术咨询、技术实践和技术合作三位一体的服务体系。同时形成了一套有效的组织管理规范，建立了一套包括前期准备、人员招募、项目推进到后期反馈的活动流程，参加"卓越实践计划"考核合格的学生，获得相应实习学分，保障了活动多年来的稳定有效运行，为开展其他实践育人项目提供了重要参考。

（三）助力提升创新创业育人成效

形成浓郁双创氛围，实践育人成效显著。"卓越实践计划"的实施有力培养了学生的创新创业意识，将学生团队的实践能力和企业真实需求及社会生产力进行对接，增强了学生的创新创业能力。近年来，机械学院在各类双创赛事中屡获佳绩，获得"挑战杯"竞赛全国一等奖，中国国际"互联网＋"创新创业大赛（简称"互联网＋"）全国银奖、中国研究生机器人创新设计大赛特等奖等奖项。2023 年，学院学生获各类学科竞赛省部级以上奖项 300 余项，其中国家级金奖和一等奖以上 17 项，获得"互联网＋""挑战杯""创青春"三大顶级赛事国家级奖项 7 项。

"生态中国" 3＋3 实践育人，
引领学子厚植生态文明思想

环境科学与工程学院｜周雅琦　　杨丹妮　　周博坤

近年来，环境科学与工程学院（以下简称环境学院）党委以习近平新时代中国特色社会主义思想为指导，围绕新时代"五型"环境新人的培养目标，坚持党旗红引领生态绿，构建了"生态中国"学生思政育人工程。为帮助学生厘清为什么做和怎么做两条主线，学院重点构建"生态中国"3＋3实践育人体系，通过思想政治教育、专业政策教育、实践能力培养三个维度的学习，树立环境学院学子立志投身"生态中国建设"的主体意识、责任意识和科技发展意识，依托社情调研、志愿服务、科普教育三个维度的实践环节，持续提升环境学院学子沉得下、立得稳、行得远三个重要能力，培养具备美丽中国建设基本素质和能力的卓越人才。

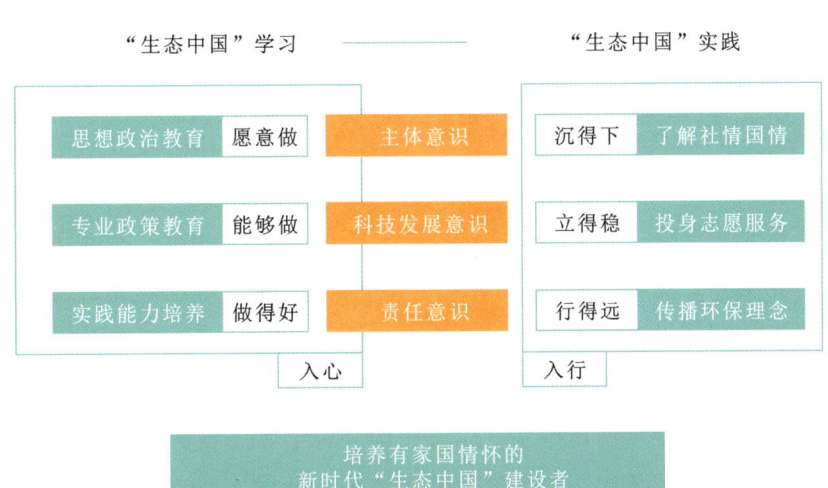

"生态中国" 3＋3 实践育人体系

一、工作开展情况

（一）搭建平台，建强"生态中国"支撑保障

（1）深化党支部共建平台。

学院党委坚持党委委员联系指导学生党支部，实施师生党支部共建交流"五个一"工作方案，实施学生党支部与团支部（班级）共建，打通"党委—教师—学生"全员开展"生态中国"学思践悟的关键路径，将生态文明意识融入党团班一体化建设。

（2）健全多层次学习平台。

落实党委书记生态文明导论课新生全覆盖、党建导师生态文明专题课党员全覆盖、党团骨干生态文明宣讲课班团全覆盖、学讲团生态文明科普课校内外巡回讲，以生态文明学习促进环境人才培养。打造"党员故事会"品牌，采用多元形式学习讲述"生态文明建设者故事"。

（3）建立党建＋实践平台。

学院以党建创新引领党支部开展特色主题实践，打造学生支部特色志愿服务品牌，成立以党团骨干为核心的科普学讲团服务湖北省科普教育基地建设，传播生态文明思想，推动"生态中国"学习实践走深走实。

（二）党旗领航，"生态中国"三维学习入心

（1）加强思想政治学习，树立"生态中国"治理主体意识。

党团支部每年围绕生态文明专题开展党课全覆盖式学习和精品微党课评选；全员参与党章党史知识竞赛，以赛促学；以党员故事会为载体，学生通过情景剧等形式展演"生态文明建设者故事"，孵化《湖溪河前世今生》《风雨中同行》等优秀作品。通过多层次学习，学子的"生态中国"主人公意识逐渐增强。

（2）强化专项技能培训，树立"生态中国"科学发展意识。

完善有环境学院特色的"青马班"建设体系，开设实践方法、问卷设计、数据统计、报告撰写、成果转化等实践基础课程，提升团学骨干社会实践专项技能，带动全员科学实践。带领"青马班"（青年马克思主义培养班）学员走进企事业单位开展共建活动，引导学生树立科学发展意识，增强实干担当。

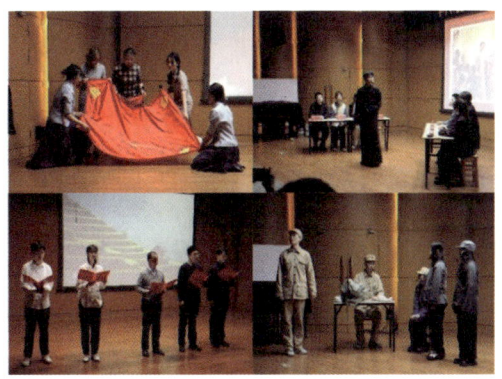

环境学院连续多年开展党员故事会

环境学院"青马班"

环境学院师生与中建三局安装公司开展交流活动

（3）提升专业政策教育，树立"生态中国"建设责任意识。

依托新生"生态中国"导论课，邀请院士专家开展讲座，介绍"水十条""大气十条""土十条"等专项政策，提升"生态中国"责任意识。以环境问题观察课程为依托，122 名 2023 级学生分批次走进省生态环保有限公司等 6 家企业走访实践，让学生变"旁听"为"参与"，在美丽中国建设第一线自主发现科学问题。

"生态中国"产学研实践调研

（三）齐抓并育，"生态中国"三维实践入行

（1）推动"五合一"社会实践，引领学生沉得下身子，了解社情国情。

聚焦"新时代环境新人使命与担当"，围绕长江流域生态文明建设主题，建设"长江经济带·生态行"社会实践项目品牌，开展常态化政策宣讲、文化宣传、实地调研；围绕"两山"理论实践，赴江西、西藏等多地开展基层走访，访谈环境学院学子扎根基层、助力乡村振兴的典型事迹。通过推行社会实践"五合一"模式，做到低年级本科生社会实践全覆盖，每支队伍形成至少1节思政微课并于团支部间互讲互评，已形成思政微课20余节。

长江经济带·生态行暑期社会实践

校思政课社会实践优秀项目二等奖

扎实推动社会实践工作

打造精品思政微课

（2）打造"环语"志愿服务品牌，引导学生立得稳步子，投身志愿服务。

结合环境专业特点，党支部对接引领团学骨干发挥专业优势，将专业知识转化为社会价值，围绕室内空气品质提升、海绵城市建设、环保理念宣传，建设"清风""绿水""明境"志愿服务队。"高校大学生参与志愿服务路径探索"获批 2022 年度湖北省青年志愿服务课题。结合雷锋月、敬老月等节点，组织团支部开展主题志愿服务，本科生覆盖率 100%。每年组织动员学生志愿者逾百人，系列服务覆盖大中小学、社区等超 500 人。

"生态中国"志愿服务品牌建设成效

（3）深化"生态中国"科普"三进"，引导学生行得远思想，传播环保理念。

持续开发校园生态资源，打造"生态喻园"名片，"生态喻园——基于一水一山一长廊的生态校园建设"项目获批校"双一流"文化建设品牌重点项目，形成多条学讲团科普讲解线路，引领学生在传播环保理念过程中厚植生态文明思想。结合世界环境日等节日，开展环保科普主题活动进校园；常态化开展科普开放日，邀请华师一附中、光谷四小等校师生进校园，通过现场讲解、实验展示、互动体验等在中小学生心中埋下绿色环保的种子。扎实推进科普进社区，每年进社区开展环保科普活动 10 次以上。利用寒暑假推进科普进乡村，组织科普学讲团赴贵州、江西、湖南等 3 省 6 村开展环保科普宣传。

学院科普活动成果

二、创新做法

（一）以党建为引领，厚植"生态中国"基因

结合党史学习教育，开展具有学院特色的"生态文明建设史"专题学习。将思想政治教育和专业教育有机结合，培养学生作为生态文明建设者的使命感、责任感和荣誉感，全方位支持服务生态中国发展的高素质卓越环境人才培养。

（二）以支部为抓手，打造"生态中国"品牌

推动"一支部，一特色，一品牌"。研究生党支部重点根据科研团队特色，着

力提升党支部组织力和党员科研创新能力；本科生党支部重点推动三个志愿服务品牌建设向纵深发展，着力强化实践能力和生涯引领。

（三）以团队为平台，拓展"生态中国"成果

依托学院科研团队，推进研究生科研团队指导本科生创新团队，通过研讨—培训—实践—竞赛方式，为实践发现的现实环保问题提供创新绿色方案，将"生态中国"社会实践成果转化为可发展创新成果。

三、工作成效

（一）打造系列"生态中国"实践育人品牌

项目开展以来，形成了"生态喻园——基于一水一山一长廊的生态校园建设"，"环语"志愿服务队，"生态中国"科普学讲团，"长江经济带·生态行"、"两山"精品社会实践项目等多项实践育人品牌。获批本科生院思想政治理论课社会实践重点项目2项、一般项目2项，1支实践队获思政课社会实践优秀项目二等奖；"清风"志愿服务队获湖北省"与绿同行"微公益环保创意大赛三等奖；"生态中国校园行，环保科普在身边活动"获2023年全国科普日优秀活动，学院获2023年全国科普日活动优秀组织单位；学讲团科普作品获城市水环境与水生态科普创意大赛（水科普大赛）三等奖、湖北省大学生文化创意作品大赛优秀奖等。

（二）有效推动"生态中国"第一第二课堂互融互促

项目在不断推动"生态中国"思想根植于学生各项实践锻炼活动、浸润到学生生活学习日常的过程中，一方面有效推动"生态中国"思想入脑入心入行，建强"行走式"实践课堂；另一方面有效促进学院大思政队伍充分协同联动，凝聚"生态中国"共识，得以推动第一第二课堂全方位互融互促，促进学院的"生态中国"育人课堂全面升级。通过本项目，有效助力学院党委构建"生态中国"大思政育人体系，成功申报校第二批党建工作标杆院系。

（三）"生态中国"基因助力人才培养质量提升

围绕"五型"环境新人培养目标，在培育学生使命感、责任感、荣誉感的过程

中，将"生态中国"基因不断融入学院人才培养中，成效显著。近几年全院优良学风班获评率、获批省级和国家级"大创"项目数量等持续攀升，涌现出湿地大会志愿者、湖北省"爱我千湖"优秀志愿者、校三好学生标兵、学术新星、先锋党员等大批优秀学子。更多学子主动投身"美丽中国"命运共同体建设，5年来逾60人考上基层选调生，10人入选"西部计划"；协议就业学生中，85％以上的学生从事环境相关专业，65％的学生在国企、事业单位或科研院所就业。

"电气化＋"大国实业实践

电气与电子工程学院｜陈雪紫　石子倩

近年来，华中科技大学电气与电子工程学院（以下简称电气学院）党委坚持面向国家建设、社会进步需要，围绕"立德树人"根本任务，结合专业特色和学科内涵革新，扎实推进"电气化＋"大国实业实践，以"电气化＋"四大板块为实践主题，通过"三大共同体"构建全方位实践育人体系，致力培养"电气化＋"拔尖创新人才。

一、开展情况

"电气化＋"大国实业实践以社区实践、社会实践、科创竞赛和企业调研为抓手，以"电气化＋专业认知""电气化＋科普支教""电气化＋乡村振兴""电气化＋科技强国"四大板块为主题，构建了以校内校外教育实践共同体、全方位指导管理共同体以及校企合作实践育人共同体为核心的全方位实践育人体系，使得理论实践深度融合、实践内容持续革新、管理体系不断健全，引导学生厚植爱国情怀，坚定专业自信，锤炼多维本领，投身报国伟业。自2016年起，电气学院已连续开展9年"电气化＋"大国实业实践育人工作，共组建203支队伍赴祖国各地开展社会实践、企业调研活动，形成71份行业调研报告，新闻稿阅读量超过50万。

二、创新做法

（一）以深化理论实践结合为目标，打造校内外教育实践共同体

通过"荣誉学位——明德课程"设计，解决原来理论学习与社会实践相脱离的

问题。根据不同年级学生身心发展规律和认知规律，定制理论与实践深度融合的课程方案，以理论指导实践，以实践强化理论学习，持续提升学习成效。课程体系结合国家人才需求和专业特色开设"价值观塑造与实践"（一年级）、"领导力培养与实践"（二年级）、"职业能力提升与实践"（三年级）课程，集课堂讲授、班级研讨、课外实践于一体，建立学生实践档案。学院精心构建明德课程体系，首先，邀请行业权威名师授课，为学生奠定坚实的理论基础。其次，以班级为单位，融合线上线下资源，开展主题调研，全面了解电气行业现状。再次，通过研讨课精准规划实践主题与地点，细致筹备前期工作。最后，实践课程广泛铺开，让学生在亲身参与中深刻体验，认识国情、了解社会。

电气学院开展"电气化"大国实业实践育人工作

（二）以提升实践育人前瞻性为目标，打造校企合作专业实践共同体

以学科内涵延伸为契机，融合企业调研、实习于实践环节，引导学生深入企业

探索技术前沿，并将实践经验转化为科研与科创项目，集结导师优势、朋辈资源共研共解，不断培养具有前瞻性的高层次创新人才，打造校企相互促进、相互合作的专业实践共同体。近年来，根据"电气化＋"内涵延伸，我院将实践分为专业认知、科普支教、乡村振兴、科技强国四大板块，将不同板块中的企业、社会资源纳入实践育人体系。实践前，院系组织主题宣讲动员，与相关企业沟通学生实践计划、协调后配备指导老师、完成重点队伍立项，并印发宣传手册，提醒注意事项，为学生购买保险，做好实践前期准备工作；在实践过程中，院系组织老师带队、企业导师配合全过程指导，在企业中积极开展调研、实习，保证实践过程质量；实践完成后，院系组织教师与学生开展研讨会，针对企业实践中发现的问题展开讨论，选取有前瞻性、代表性的问题转化为科研项目、创新创业项目加以研究解决，并积极组织学生参与各项科创竞赛、社会实践评奖评优，举办优秀队伍实践图片展等，进一步扩大社会实践品牌影响力。

（三）以强化实践育人支撑力量为目标，打造全方位指导管理共同体

以《高校思想政治工作质量提升工程实施纲要》为指挥棒，将政府、企业、高校中的领军人才纳入指导管理体系，在校党委领导下、校团委指导下，学院以"电气化＋"科学精神实践团、"电气未来精英训练营"两大核心平台为主导，以院团委、学生会、研究生会为抓手推进体系落地实施，形成能为实践育人效果提供强有力支撑的全方位指导管理体系。聘请14位校院领导、学科带头人担任班级成长导师，通过主题班会动员、指导活动方案，引导学生深化行业认知，了解学科前沿发展方向；邀请12名专业教师，依托高水平项目合作，全程指导学生参与创新创业实践；辅导员、教师班主任和研究生负责对实践进行全程指导监督。组建"校外导师、校外辅导员"团队，通过担任明德板块实践课教师，依托所在重点电力企业，指导学生暑期社会实践；联系40余名优秀校友，为大国实业社会实践拓展实践资源，通过实地座谈交流，实地讲解，引导学生将自身发展同国家发展紧密结合。

电气学子深入企业、社区、政府开展实地调研

三、工作成效

实践项目影响力不断扩大。2016—2017年，项目开始统筹，并组织调研报告总结撰写，在各大微信公众号平台发布新闻稿；2018—2024年，该项目平均每年产出10份超过10万字的调研报告、制作5部短视频，新闻稿件获中国青年网、长江云、《湖北日报》等主流媒体推送，校内外新闻阅读量累计超过50万。学院共有2支团队荣获"全国大学生百强暑期实践团队"，4支团队荣获"湖北省优秀暑期社会实践团队"；学院项目"高校德育实践探索——以荣誉学位明德板块课程为例"获湖北省高校学生工作精品项目立项重大资助，"'电气化＋'大国实业实践育人工作的探索与实践"项目获湖北省高校实践育人特色项目资助。

在实践中学生服务意识不断加强。学院的社会实践参与度不断提升，各班团支部积极与社区结对开展科普支教、扶老助困等活动，人均参与公益活动时长超过20小时/年。学院毕业生到西部地区和国家重点行业就业的比例连续5年超过75％；

入选"西部计划"的学生人数在全校各院系中名列前位，学院 2024 届毕业生中 4 人入选"研究生支教团"。

学生专业创新能力持续增强。学院团队获中国国际"互联网＋"大学生创新创业大赛金奖 1 项，获"挑战杯"中国大学生创业计划竞赛特等奖 1 项、金奖 1 项、一等奖 1 项、二等奖 1 项，获第 47 届日内瓦国际发明展览会特别嘉许金奖 1 项。2023 年，在"挑战杯"中国大学生创业计划竞赛中，我院团队斩获金奖和二等奖；在 2023 年全国大学生机器人大赛中，我院团队斩获特等奖；在中国研究生数学建模竞赛中，我院 30 支队伍获得国家级奖项，其中数模之星 1 项、一等奖 1 项、二等奖 12 项。

电气学子积极参与各类科创竞赛、科普志愿服务活动

走基层，强"四力"，育新人

新闻与信息传播学院｜胡馨月　李彬彬　李思铭

华中科技大学新闻与信息传播学院（以下简称新闻学院）顺应培养讲好中国故事，传播好中国声音的人才要求，于 2017 年制定社会认知课程，采用"思想教育—认知实践—专业实习"相结合模式，实现学生与老师全员参与、覆盖本科四年全过程、德育与专业教育全方位结合的"三全育人"。八年来，华科大新闻学院社会认知课程共组织队伍 300 余支，极大提升了新闻学子的脚力、眼力、脑力、笔力，探索出一套实践育人助力人才培养的特色方法。

一、工作进展

（一）启动：2017 年实现大一学生全覆盖

2017 年，新闻学院社会认知课程工作正式启动，第一阶段课程以"广覆盖"为主，组织课程小组 27 个，覆盖本科生 199 人。以学生自主报选题为主，涉及红色印记、民俗文化、扶贫故事等方向。作为全国首个将社会认知课程纳入培养方案的新闻学院，社会认知课程得到新华社、光明日报社、湖北日报社等多家权威媒体刊登报道。

（二）推进：2018 年推进社会认知课程第二阶段

在大一学生全覆盖的基础上，学院组织大二大三年级学生参与社会认知课程第二阶段。遴选专业教师和辅导员带队，针对思政重点课题、部校共建重点项目组织专门队伍 9 支，其中 1 支队伍前往对口帮扶地区云南省临沧市，完成微电影作品《山》，用小切口呈现精准扶贫的力量，获全国大学生网络文化节微电影一等奖。同年，学院受邀参加由教育部高教司指导的新闻传播学院院长论坛，社会认知课程项目获全国三等奖。

微电影作品《山》

（三）贯通： 2019年社会认知课程三阶段并行

遴选高年级本科生、研究生投身国际交流与实践，启动社会认知课程第三阶段。组织国际交流队伍3支，分别前往英国、缅甸、越南等国家，本硕博"一带一路行"队伍深入缅甸、越南，对接当地媒体和高校，获共青团中央"丝路新世界·青春中国梦"全国十佳队伍荣誉。

社会认知课程第三阶段队伍

（四）服务： 2020年聚焦疫情下的武汉

2020年，在疫情防控常态化背景下，学院组织社会实践认知课程小组17支，共计约300人，以线上线下相结合的方式开展暑期社会实践。学院培育出"讲好华科大抗疫故事"专题实践项目，获评全国大学生暑期社会实践最佳实践团队，全国仅10项。

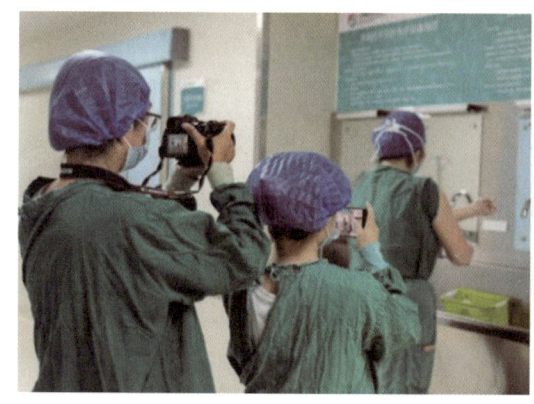

"讲好华科大抗疫故事"专题项目

（五）聚焦：2021年至今培育社会认知课程特色项目

2021年至今，学院持续推进社会认知课程建设工作走深走实，一方面延续社会认知课程全覆盖、全参与的传统；另一方面聚焦特色项目。至今已打造出"寻访校友故事""长江边的非遗故事""品牌助农"等多个专项，获评全国百强团队、湖北省优秀项目等，在《人民日报》、学习强国等平台发稿20余篇；一系列创新成果在"挑战杯""互联网＋"竞赛、全国大学生创新年会、中国大学生微电影大赛等比赛中屡获大奖。

"品牌助农"与"长江边的非遗故事"专题项目

2023年，学院牵头举办新闻传播学界实践育人研讨会，与清华大学、复旦大学、中国人民大学等高校新闻学院交流探讨实践育人机制。

二、创新做法

（一）贯通"三阶段"，构建实践育人全链条

学院通过社会认知课程体系"三阶段"构建起从入学到毕业的全过程实践育人供给体系，并纳入必修学分体系。第一阶段以"广覆盖"为目标，引导学生深入基层、了解基层、服务基层。第二阶段以"深渗透"为目标，专业教师牵头、优秀高年级学生参与，打造一系列主题突出、特点鲜明的重点项目。第三阶段以"促交流"为目标，走访海外高校、媒体、公益机构等，锻炼新闻学子向外传播中国声音、讲述中国故事的能力。

（二）强化"四结合"，激活育人过程全要素

统筹整合资源，激活社会认知课程建设工作过程中的各要素，形成党政班子、长江学者、优秀青年教师共同参与的育人合力。一是将学院主导选题与学生自主选题相结合，每学期研讨社会认知课程主题，鼓励学生自主选题，实行专业教师、思政教师"双导师制"；二是将教师科研项目与社会实践项目相结合，制定《专任教师指导学生社会认知课程课时认定及奖励办法》，激励教师带队伍、出成果，构建起科学研究与社会调研、社会服务的良性互动；三是将学科竞赛与项目培育相结合，推荐优秀项目成果积极参与学科竞赛，推动思想政治教育、专业教育和创新创业教育的深度融合；四是将国内认知实践与国际交流相结合，以国际交流走访项目、国际学术研讨会等形式，与"一带一路"沿线国家和地区深入交流。

（三）凝练"五成果"，助推实践成果全覆盖

对社会认知课程进行全流程、全链条管理，制定《社会认知课程项目管理办法》，完善成果考核、评价、认定体系。引导学生凝练调查报告、融媒体产品、创新创业项目、学术论文、咨政内参五类成果。提高学生的实践能力、创新能力、专业能力，进一步宣传和推广实践成果，扩大影响力。

三、工作成效

新闻学院在顶层设计、师资力量、经费筹措等方面向社会认知课程投入大量资源，围绕"讲好中国故事"大主题，开展了主题丰富、形式多样的实践教学活动，培养了一批扎根基层和宣传思想文化工作领域的可靠人才。

（一）服务基层建设，讲好党员先锋故事

学院构建"党建＋马新观""党建＋社区""党建＋美育"融合发展模式，开展特色实践活动20余场。组建"新影工作室"，走进多闻社区为金婚老人送上纪念照。举办"我与党旗合个影"活动，用光影定格红色青春。前往红色报刊博物馆，用文字、声音、影像等多种媒体形式呈现实践成果。

"新影工作室"走进江西瑞金为当地老人拍摄纪念照　　学生前往红色报刊博物馆开展诵读活动

（二）服务文化传承，讲好长江边的非遗故事

社会认知课程启动以来，学院将传承传统文化作为主要方向之一，并逐步聚焦于"讲好长江边的非遗故事"，由学院副院长李华君教授牵头，联合湖北省非物质文化遗产保护中心共建项目。该项目目前已沿长江跨越湖北、湖南、安徽、江苏等8个省份，与长江流域各地文化保护中心合作，孵化了一系列市场化的非遗文创产品，如与武汉博物馆合作打造的互动解谜类书籍《青花双瓶记》已出版，与南京文旅局合作开发的桌游《金陵遗梦》已商业化落地。

学生寻访湘绣研究所 00 后绣娘 学生原创非遗互动解谜类书籍《青花双瓶记》

（三）服务乡村振兴，讲好品牌助农故事

2019 年起，学院将"品牌助农"作为社会认知课程的重要方向，连续 4 年组织师生前往云南省临沧市开展调研实践，相关队伍获评中青报全国百强、省社会实践重点项目、学校思政理论课社会实践项目一等奖。2021 年，组织本硕博实践队前往云南省临沧市蚂蚁堆村开展"一村一策、一村一品、一村一韵"调研实践。2022年，前往云南省昆明市、曲靖市、临沧市完成鲜花助农带货直播、文旅策划案、微纪录片。2023 年，实践队赴燕语茶业、咪多啰等临沧市本地企业开展品牌调研，在蚂蚁堆小学开展公益摄影活动，拍摄临沧茶广告宣传片，讲述当地茶农实干创业、勤劳致富的故事。2024 年，新闻学院"品牌助农"暑期社会实践项目持续为临沧市的发展贡献新闻青年力量。

学生在云南省临沧市蚂蚁堆小学开展新影小课堂 学生在云南省临沧市开展农产品调研

（四）服务弱势群体，讲好科技助残故事

学院聚焦"科技＋人文关怀"领域，培育"金蝉子""地普开物""喻传新声"

等志愿服务团队，以唇语识别技术帮助聋人群体"再发声"，为武汉市盲童学校的孩子们开展公益汇演，以通俗易懂的科普语言呈现残障人士的生活困境，"金蝉子"志愿服务团队获评武汉市"四个一批"先进志愿服务组织，相关服务事迹多次获学习强国平台、《湖北日报》等报道。

"金蝉子"人工智能助聋公益团队　　　　"喻传新声"团队前往武汉市盲童学校开展公益汇演

八年来，新闻学院秉持"走基层，强'四力'，育新人"的理念，紧紧围绕学生成长和发展需求，丰富社会认知课程的育人内涵。未来，学院将不断创新实践育人机制，为培养知行合一的卓越新闻传播人才作出贡献。

治小家医大家——"亲友健康管理"医学人文实践

第一临床学院｜季湘年　亓来华　丁　卉

医学人文实践教育是医学教育的重要组成部分，面向健康中国发展战略需求，自 2013 年开始，华中科技大学第一临床学院结合专业特点和人才培养要求，在国内率先以亲友为实践教学对象，以亲友健康问题为临床教材，创新性开展"亲友健康管理"医学人文教育实践。该实践本着"治小家医大家"的宗旨，通过为亲友提供全生命周期的健康服务，注重培养医学生人文素养，弥补现阶段医学教育的不足，实现全员、全程、全人教育。

一、开展情况

项目要求医学生从入校起，以"准家庭医生"角色逐步为 3 名以上不同年龄段亲友建立健康档案，并以动态追踪实施全生命周期健康管理的形式，引导学生全程开展服务性学习。以亲友健康问题为导向，驱动学生自主学习，完善知识结构；实施全程实践，培养专业能力；开展递进性移情教育，提升人文素养，实现培养具有"全面医学知识、卓越临床能力、高尚职业道德"医学人才的全人教育目标。

（一）建设立体教学平台

组建教学团队：遴选并培训第一临床学院内、外、妇、儿等学科一线骨干教师 30 余名、社区家庭医生 10 余名、品学兼优学长导师 10 余名，形成由多层次教学基地、多学科、多专业的师生共同参与的教学团队，团队成员中高级职称比例达 75%。

管理团队项目推进会

搭建教学平台：整合日常教学平台、临床教学平台（教学医院、社区卫生中心教学基地）和网络交流平台（亲友健康管理 QQ 群、华科协和教学公众号），建立了基于亲友健康管理实践的线上线下讨论、实时交叉互动学习平台。教师团队不定期发布学习资源（临床案例、诊疗指南、医学科普、卫生与健康政策等），引导学生自主学习。

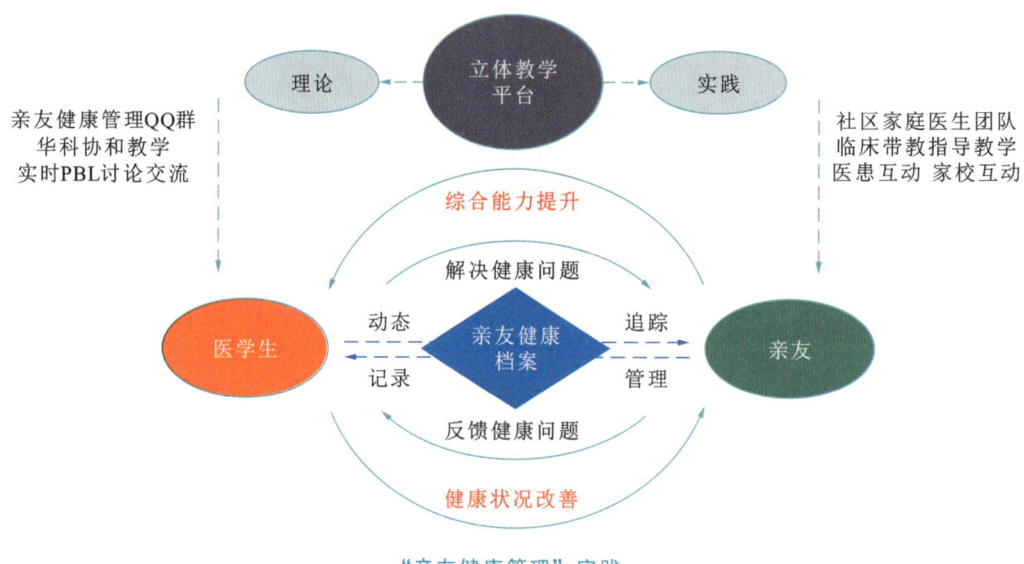

"亲友健康管理"实践

（二）实施"亲友健康管理"

建立档案：学生从入校起逐步为 3 名以上不同年龄阶段（祖辈、父辈、侄辈或同辈）的亲友建立健康档案。低年级学生以收集整理亲友既往健康资料、记载亲友生活习惯为主；高年级学生以收集亲友健康相关问题、制定疾病诊疗方案、健康宣教为主。

亲友健康管理学习指导课堂

动态追踪：要求学生建档完成后利用日常电话、网络联系、假期回家等多种方式，持续追踪管理建档亲友的健康状况，每学期需至少完成 2 次档案随访记录更新。

反馈促进：学生以"医生"和"亲友"的双重身份实施健康评估、健康促进。对健康、亚健康亲友，结合其年龄、性别、职业等进行健康知识宣教，引导他们养成健康的生活方式，预防疾病；对患病亲友，收集前期诊疗信息、追踪诊疗过程，督促遵医行为，尽可能开展陪医引导、参与临床决策，做好医患沟通。将专家认同后的检查、就诊、治疗预防建议以健康家书形式反馈给亲友。

（三）形成学习机制

学生自主学习：不同专业、不同年级学生通过立体教学平台交流亲友健康问题，实现交叉互助学习。开展网上"模拟会诊"：收集亲友健康问题→自主查找资料、独立思考→提交讨论→管理员整理→共享案例学习。

社区教师指导学生建档

教师引导学习：教师通过线上、线下多途径启发、引导学生基于亲友健康案例学习讨论，适时答疑解惑，提供专业意见，巩固理论基础，培养临床思维。

定期审核评价：教师评价学生建档质量，审核学生对亲友健康促进的初步意见，提供专家建议；管理团队评价学生参与度、贡献度，激励学生互助学习；设计问卷调查表，评估实施效果。

（四）融入实践教学环节

亲友健康档案的建立列入医学生早期接触临床教育计划，占 1/4 考核权重。

亲友健康管理列入计划内临床实习（含 2 周社区医学实习），建档管档占社区医学实习 1/6 考核权重。

形成贯穿全程的"亲友健康管理"系列递进实践课程，共 3 个模块，80 个学时 5 个学分。

二、创新做法

（一）创新实践对象

改变以病人为唯一实践对象的传统，创新性地将医学生亲友作为学习实践对象，拓展亲友为教师，与医学生形成学习共同体、实践共同体，解决了长期以来制约医学生临床实践的病人配合度差、实践机会受限、案例追踪学习困难等难点问题。

（二）创新学习方法

通过亲友健康问题导向式学习，引导医学生自主学习、实时互助学习、研究性学习，促进学生主动学习；通过服务性学习，理论结合实践运用，促进学生专业能力、实践能力全面提升；通过自然的情感纽带，从激发学生的家庭责任感，逐步培养学生的社会责任感，形成递进性移情教育，提升学生的人文素养。

（三）创新实践内容

创新以亲友健康问题为临床案例教材的学习。学生对亲友进行全生命周期健康管理，巩固了以疾病诊疗为主体的医学专业知识，弥补了传统课程体系中预防保健、健康促进、医学人文等知识的不足，通过第二课堂、隐性课程拓展了社会、心理、伦理、经济、法律等多学科知识及综合运用。

（四）创新学习平台

通过学校与社会、教学医院与社区卫生中心、线上与线下相互交融的全方位立体学习平台，学生多渠道整合学习、不断实践、螺旋递进、全面提升，形成全方位学习机制。

三、工作成效

（一）学生参与受益面广

截至项目第一阶段，1163 名学生（通识、基础、临床教育阶段各 193、188、782 名）建立了 1820 份亲友健康档案。1375 余名师生通过网络平台基于亲友健康问题实时互动，平均每天 20 余次；不定期开展 PBL（Problem-Based Learning，问题导向学习）讨论；学生骨干团队每 2 周整理疑难案例并共享学习。项目已推广应用于全校医科各专业。学生主动服务社会，深入社区开展义务咨询、健康宣教；学生假期主动服务留守空巢老人；优秀推免生主动选择全科医学专业。

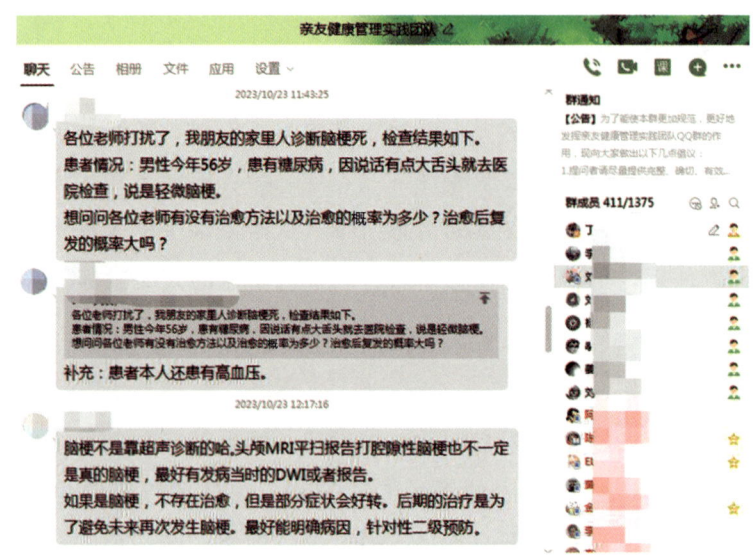

学院师生基于亲友健康问题实时互动

（二）全人教育培养成效受认可

452位学生评价结果显示：90.71%的学生认为自身临床能力提高；91.67%的学生认为自身移情能力提高；95.12%的学生认为自身沟通能力提高。

26位教师评价结果显示：92.31%的教师认为学生人文素养提升；84.62%的教师认为学生科研能力提高，专业知识更加完善；88.46%的教师认为学生临床思维训练增多，临床技能提升。

537位亲友评价结果显示：91.22%的亲友认为自己健康意识增强，健康素养提升；95.67%的亲友认为亲人间感情交流增加，促进家庭和谐。

学生参与"亲友健康管理"实践前后及与未参与者对全科医疗的理解、兴趣及专业思维的比较如下所示：

学生参与前后及与未参与者对全科医疗的理解、兴趣及专业思维的比较

调查项目	试验组学习前 ($n=130$)	试验组学习后 ($n=130$)	对照组 ($n=112$)	组内比较		组间比较	
				χ^2 值	p 值	χ^2 值	p 值
理解全科医疗服务	49（37.7）	65（50.0）	33（29.5）	14.063	<0.001	10.53	0.001
全科医疗以健康照顾为目的	58（44.6）	87（66.9）	43（38.4）	27.034	<0.001	19.698	<0.001

续表

调查项目	试验组学习前 ($n=130$)	试验组学习后 ($n=130$)	对照组 ($n=112$)	组内比较		组间比较	
				χ^2 值	p 值	χ^2 值	p 值
全科医疗强调预防保健	66（50.8）	96（73.8）	55（49.1）	28.033	<0.001	15.694	<0.001
全科医疗重视医患沟通	78（60.0）	105（80.8）	66（58.9）	25.037	<0.001	13.844	<0.001
对全科医疗有兴趣	34（26.2）	82（63.1）	23（20.5）	46.021	<0.001	44.329	<0.001

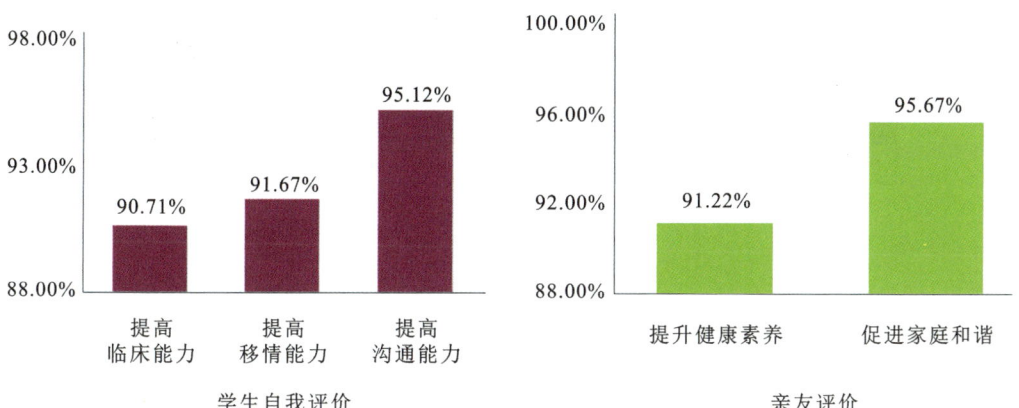

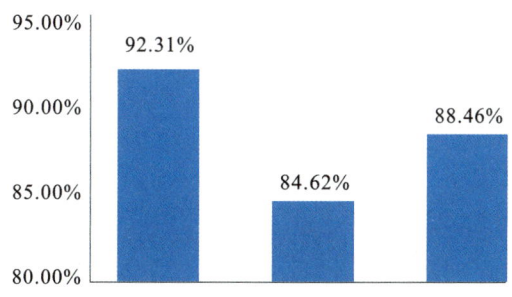

全人教育培养成效图示

137

（三）成果转化

开发"我的健康银行"App，将家人健康档案"存"进"健康银行"，实现病历记录、影像资料即时调取，获批国家级大学生创业项目、首届全国医学生创新创业论坛"最佳医学转化创业项目奖"。

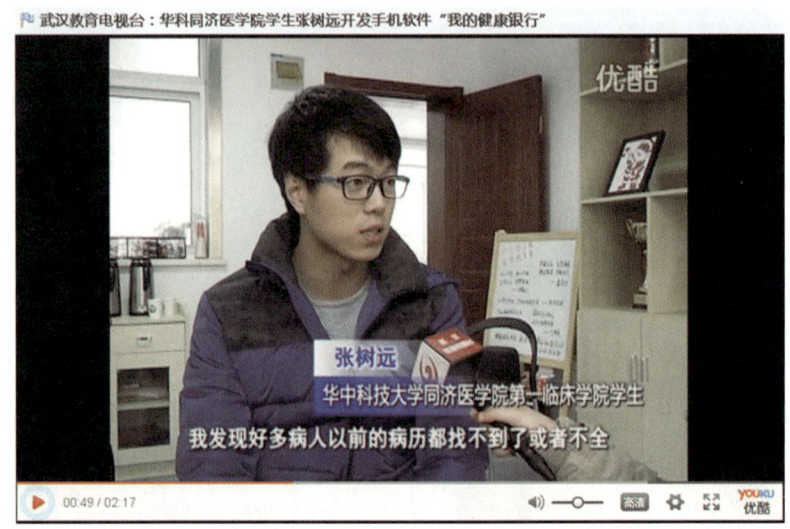

武汉教育电视台采访"我的健康银行"App开发者张树远

（四）论文发表

"亲友健康管理在医学生综合素质培养中的实践与探索""亲友健康管理立体式教学实践对培养医学生社会化能力的研究""医学生同伴互助'亲友健康管理'学习平台的构建与运用"等项目相关论文7篇在《医学与社会》《中华医学教育》《中国高等医学教育》等权威、核心学术期刊发表。

（五）媒体关注

《健康报》《武汉晚报》及武汉教育电视台多次报道，新华网、光明网、凤凰网等媒体纷纷转发。

亲友健康管理，医学生的第一步

发布时间：2016.10.29

来源：同济医学院　　　编辑：程镕琪　　　浏览次数：282

（新闻网讯 通讯员 毛茵 王成）近日，被保送北京协和医院的免试研究生钟林庆告诉记者，大学时代有一门特殊的课程让她终身难忘。它没有固定的课堂，没有特定的老师，却贯穿大学生涯，让她从"治小家"开始，慢慢走上医生岗位，承担起"医大家"的责任。

这门特殊的课程，即2013年12月我校同济医学院第一临床学院率先在国内开展的医学生的"亲友健康管理"项目。目前已有970名学生通过连续追踪，为亲友建立了1627份健康档案并实施健康管理。

武汉市卫计委副主任、新闻发言人彭厚鹏对该项目给予积极评价："让医学生早期接触临床，直接参与管理亲友健康，相当于扮演了家庭医生或社区医生的角色，以亲友为临床教师，以亲友健康为医学教材，实施更亲近、更直接、更方便、更持续、更有效的健康管理，是医学发展的需要，也是居民群众的需要。这种注重培养大学生社会责任感，注重培养医学生全科医学思维的医学教育改革，极具生命力。"

谈及"亲友健康管理"项目设计的出发点，第一临床学院副院长季湘年说道，百年协和以培养卓越医学人才造福人类健康为己任。"亲友健康管理"是在健康中国建设背景下，协和医院适应国家需求，对医学人才培养实践教学的创新。让学生从关爱身边人做起，树立"大健康、大卫生、大医学"的理念，不断提升综合素质，成为"顶天立地""德艺双馨"的优秀医师和健康促进者，从而更好地服务大众，回馈社会。

同济医学院官网发文

（六）学界认同

国内教育界、医学界多名权威专家对该实践给予高度评价并积极推荐；受邀在第十五届海峡两岸暨香港地区医学教育研讨会等一系列国内大会交流，得到海峡两岸知名学者充分肯定。

大手拉小手，普法进校园：系好青少年的第一颗"法治纽扣"

法学院｜郭雨曦　王欢欢

党的二十大报告首次单独将法治建设作为专章进行论述和专门部署，强调全面依法治国是国家治理的一场深刻革命，提出在法治轨道上全面建设社会主义现代化国家。2023年2月，中共中央办公厅、国务院办公厅印发了《关于加强新时代法学教育和法学理论研究的意见》，着重提出"强化法学实践教学，深化协同育人"。

为进一步学习党的二十大精神，深刻领会习近平法治思想在全面依法治国过程中的指导性地位和决定性意义，落实"八五"普法规划和依法治校方略，强化法学实践教学，让更多的法学学子加入青少年法治教育的行动中来，为中小学校园法治教育主阵地建设贡献法学力量，华中科技大学法学院持续开展"大手拉小手"普法进校园（中小学）活动。

一、开展情况

2020年至今，华中科技大学法学院志愿普法宣讲服务队累计吸纳300余名优秀法学青年，已与全国各地多所中小学、各高校相关组织及公益社团等建立了友好合作，累计开展"大手拉小手——法治知识普及进校园"活动350余场，足迹遍布国内70多个县（市、区），服务师生群众10万余人次，受到中国青年志愿者、湖北青年志愿者、《长江日报》、华科大新闻网等多家校内外媒体报道500余次。

二、创新做法

（一）普法宣传进校园，法治意识入童心

为深入贯彻习近平法治思想，切实加强新时代未成年人司法保护，法学院"大手拉小手——法治知识普及进校园"普法宣讲队多措并举，打造普法多元矩阵，以接地气、聚人气的普法宣传形式，不断提高普法工作针对性、实效性，打造普法多元化维度，帮助同学们树立法治观念，养成自觉守法的良好习惯。

宣讲服务队为罗田三里畈镇黄冈庙小学同学作专题普法讲解

围绕未成年人保护的敏感问题和网络热点问题，结合国际消费者权益日、六一儿童节、国家宪法日等重要时间节点，通过开设《中华人民共和国未成年人保护法》法律案例研讨、法律电影解析、法律知识普及等专栏，以点带面，推动全社会对未成年人的特殊、优先保护，开展指尖上的普法宣传；完善图文漫画、短视频、音频等新媒体宣传渠道，利用"两微一端"发布信息，电子显示屏等播放普法宣传片及宣传标语，宣传普及未成年人保护法律法规，建设法治宣传"微阵地"，促进对未成年人的全面、综合保护；发放普法宣传折页、禁毒宣传手册、《中华人民共和国宪法》《中华人民共和国民法典》等法律读本，让未成年人学法在手边。

截至2023年底，法学院"大手拉小手——法治知识普及进校园"活动累计发布普法宣传信息2000余条，发放宣传资料1万余份，全力做到普法护航，助力未成年人健康成长。

（二）法治宣讲进校园，法治护航助成长

法学院志愿普法宣讲服务队围绕多个主题，通过线上线下相结合的方式进校园开展普法宣讲，内容既有对与生活息息相关的法律内容的解读，也有从实际出发，针对网络打赏、游戏充值、校园欺凌等社会热点问题的深入分析，充分引导中小学生正确认识法律法规，维护自身合法权益。

宣讲服务队与罗田三里畈镇黄冈庙小学同学合影

宣讲服务队的同学们针对不同阶段学生破解普法难点，打造模板课程。定期走进华科大附属小学、华科大附属中学、同济医学院附属小学，用通俗易懂的方式向学生们讲解相关法律条文，结合热点社会问题，通过以案释法的方式，深入浅出地给学生们上既严肃又生动的普法案例分析课；坚持普法与社会实践相结合，寒暑假走进黄石市阳新县王英镇中心小学、黄冈市罗田县希望书屋、恩施州建始县红岩寺镇民族小学、鄂州市庙岭镇红莲湖第一小学、荆门市掇刀区麻城初级中学、孝感市安陆市接官乡中心小学、襄阳市襄州区朱集镇第二小学、恩施州来凤县漫水乡中心小学，在开展普法课堂的同时，积极与学生沟通交流，帮助他们解决困难，关心他们的身体情况、照顾他们的健康安全，倾听他们的心声；携手华科大研究生支教团，多次走进湖北来凤县第一中学、广西乐业县高级中学、广西隆安县粤桂小学、云南临沧市临翔区第一中学、新疆生产建设兵团第二师博古其中学、贵州务川县第五小学开展以"宪法""民法典""未成年人保护法"为主题的云支教课堂。

（三）模拟法庭进校园，沉浸普法伴成长

为进一步加强未成年人法治教育，增强法治服务的针对性、前瞻性、适用性，宣讲服务队的同学们立足自身法学专业特色，精心创作剧本，选择校园易发生的未成年人打架引发健康权纠纷等案例为素材，让学生换上法袍、制服，敲响法槌，扮演审判长、审判员、人民陪审员、书记员、当事人、法定代理人、委托诉讼代理人等角色，采用实景体验的方式，用生动新颖的方式让学生走出课本，沉浸式体验开庭审案的过程，在实践中理解法律知识和司法程序。

在武汉市常青树实验学校（小学部），小学生们对法庭的认识在奋力的权利争取、激烈的法庭辩论和有力的法槌敲击声中逐渐深刻。宣讲服务队田同学、廖同学围绕法院是什么、模拟法庭是什么、模拟法庭的角色和流程进行了讲述，并以原告吴某某诉被告张某、张某某、朱某以及某小学健康权纠纷案为例，让小学生们扮演相应的庭审角色，将模拟法庭带进了课堂。在武汉市第十九初级中学，宣讲服务队王同学给同学们上了一场别开生面的模拟法庭课，通过视频、故事，用通俗易懂的语言，以法论事，深入浅出，让法律知识变得生动有趣。

常态化开展"线上＋线下"模拟法庭进校园活动

模拟法庭进校园活动是一种寓教于乐的普法模式，打破了以往较为单一的普法宣传形式，具有很强的引导性、互动性、融入性，不仅丰富了青少年的课业内容，还能让法律更贴近他们的生活，让他们更加直观地了解司法审判的活动流程、内容及作用，在潜移默化中接受法治教育，树立法治信仰。

（四）法治辩论进校园，知法懂法促成长

青少年是法治教育的重点对象群体之一，法治辩论赛对于激发培养青少年逻辑思辨和学法用法的兴趣与能力，具有独特的促进作用。

江汉区首届中小学生法治辩证赛现场

在法治辩论赛活动中，宣讲服务队的同学们讲授"辩论规则""辩论技巧""实践体验"课程，并带学生模拟体验辩论比赛。胡同学来到武汉市第一初级中学（东校区），通过认识辩题"社会良好秩序的形成主要靠法律还是道德"，与同学们展开了热烈的讨论，以头脑风暴的方式让同学们集思广益，通过身边实际案例、书本知识以及文献阅读来寻找论据；在红领巾学校，李同学等对辩论技巧进行了讲解，分四次课，对辩论立论、对阵、陈词的相关技巧展开了讨论与细致的讲授，让同学们深刻理解"夫辩者，将以明是非之分，审治乱之纪，明同异之处，察名实之理"。在万松园路小学，曹同学等以"寻找思维的'声音'"为主题，为同学们讲解辩论的程序知识、技巧知识，指出辩论不仅是"智商"的交锋，也是"情商"的考验，通过模拟论题"小学生学习法律是否是必要的"，让同学们了解立论、驳辩、质询以及总结的相关知识。

宣讲服务队成员走进中小学讲解法治辩证知识

三、工作成效

党的二十大报告中指出，全面依法治国是国家治理的一场深刻革命，关系党执政兴国，关系人民幸福安康，关系党和国家长治久安。

践行实干精神，推进实践育人。近年来，法学院立足学科特点，打造"青年普法实践队""青年普法宣讲团"，体系化开展青年普法实践，引导师生参与社会实践与志愿服务，引导广大青年在"学法""知法""讲法""用法"的实践调研过程中强化法治思维，涵养家国情怀，努力让习近平法治思想研究成果惠及千家万户，为法治中国的事业贡献青春力量。学院3项调研报告获评团中央"三下乡""返家乡"及中国青年报社全国百优社会实践报告，4支队伍入选团中央优秀实践团队。14人入选研究生支教团，115名毕业生选调奔赴祖国各地。

未来，法学院将围绕立德树人根本任务，继续面向中小学开展大手拉小手，普法进校园实践活动，切实发挥法学专业优势，用脚步丈量祖国大地，用眼睛发现中国精神，用耳朵倾听人民呼声，用内心感受时代脉搏，把对祖国血浓于水、与人民同呼吸共命运的情感贯穿学业全过程、融汇到事业追求之中。

健全"六＋"实践育人体系，
激发青春力行挺膺担当

社会学院｜岐尚鲜　厉　鹏

近年来，华中科技大学社会学院党委坚持推进新时代实践育人质量提升计划，坚持理论教育与实践养成相结合，整合各类实践资源，强化项目管理，拓展实践平台，引导学生在躬行实践的社会"大课堂"中厚植家国情怀、增长知识才干、激发挺膺担当，努力成长为堪当民族复兴大任的时代新人。

一、开展情况

学院立足新时代青年成长发展规律特点，结合专业特色，构建了全员、全方位、全过程六位联动的"六＋"实践育人体系。

一是专业教育＋实践，将实践活动纳入教学体系。引导学生将理论知识灵活运用到对现实社会的观察及实践活动中来，培养学生发现问题、分析问题和解决问题的综合素质。

组织学生参与大冶市实地调研活动

二是创新创业＋实践，依托各类竞赛项目开展专项实践活动。加强配套设施和队伍建设，强化创新创业导师培训，发挥教师的引路人作用，引导学生组建科创团队。拓展平台建设，依托学院科创基地，鼓励创新创业项目实践。

组织学生参加人工智能四季讲堂活动

三是党员教育＋实践，党建浸润实践活动。实施预备党员"挂职锻炼"，将每位学生预备党员安排到学生工作岗位上，在"实战"中反复锤炼服务群众的实践本领。组织红色教育基地走访学习，近两年开展省外学习活动3次、省内学习活动6次，在实地研学中增强党性修养。

四是暑期"三下乡"活动＋实践，将调研报告写在祖国大地上。近两年学院共组建45支队伍赴全国各地进行暑期社会实践，新生参与率100％。

五是生涯规划教育＋实践，增强学生就业竞争力。学院着力打造梯度式、分类式、个性化就业指导服务，重视整合校外资源，对接地方社区及社工服务机构等，建立实习基地40余个，与机构共同指导学生开展专业实习。

学生赴云南省临沧市开展茶叶产业调研暑期实践活动

六是志愿服务＋实践，增强学生社会责任感与使命感。开拓社会资源、校友资源，与社区、公益机构、社会工作科研机构、政府相关研究部门等联合开展志愿活动，为学生提供多元化的实践机会及广阔的成才平台。

二、创新做法

（一）聚力政治引领，筑牢理想信念根基

社会学院"六＋"实践育人体系把思想政治工作贯穿教育教学全链条和学生实践全流程。

鼓励教师党员组织学生开展主题教育调查研究，厚植家国情怀。专业老师带领学生赴地方开展"党建引领网络直播行业高质量发展研究"，增强党建工作在新兴领域的引领力、凝聚力和影响力。

社会学院赴上海、嘉兴开展红色教育学习活动

社会学院师生团队赴无锡开展党建引领网络行业工作交流

积极开展各类红色宣讲活动，传播奋发有为正能量。培育学生党史学习教育宣讲团，近两年学生党员骨干赴省内外开展理论宣讲 50 余次，行而不辍，履践致远。

（二）聚力课堂延伸，促进课程实践双融

课本是平面的，而世界立体生动。学院强化实践教学环节，成功打造实践育人的"第二课堂"与理论教学的"第一堂课"相互补充、互为前提的教学模式。

一院一品·杨善华老师讲座现场座无虚席

连续三年开展"'一院一品'社会学/社会工作与当代中国"系列讲座，累计 63 期，邀请专业学者开展学术前沿研究、热点话题讲座，增强学生的专业认知与专业自信。在此基础上，将"小组工作""儿童社会工作""老年社会工作"等着眼社会需求、重视学生实际操作能力的课堂搬进社区、街道、医院等实践场所。组织学生前往广州、香港等地区社工机构研学实习，加强专业交流，坚定学术信念。

周舒老师将"儿童社会工作"课堂带进了医院现场

社会学院赴香港进行认知实习

(三)聚力品牌建设,激发实践育人活力

实践是大课堂,是练兵场。学院打造多个成熟的志愿服务品牌,引导学生将专业教育与公益服务有机结合起来,在实践中检验所知所学。

群星闪烁时,宇宙呼唤爱。社会学院"星希望"社会工作服务社成立于2011年,将社会工作的专业服务与医学知识相结合,形成"学界+业界"双导师指导模式,为孤独症儿童及其家庭提供专业化服务。成立14年以来,"星希望"社会工作服务社为武汉市的孤独症儿童及其家庭开展各类大型公益志愿服务82场次,常规服务累计320多次,直接受益者1100余人,涉及350个家庭。引领学生践行助人自助的社工精神,用青春和爱点亮生命之光。

"星希望"助力"星星孩子"就业梦活动

人生回顾，助老敬老。 2019 年以来，由社会学院在校大学生组建的"人生回顾"团队，在专业教师指导下，为武汉市社会福利院、广州市越秀区长者综合服务中心的老人提供生命回顾服务。经过培训的学生引导老年人回忆人生经历，为老年人撰写生命故事册，制作人生微电影，并在此基础上为老人编辑生命故事集，举办生命回顾首映礼。志愿服务不仅改善了老年人的身心健康状况，也推动了老年服务的本土化实践教育。

社会学院学生和桂奶奶翻看"幸福手记"

正向引导，情绪赋能。 社会学院于 2021 年组建的"桑格"学生志愿服务团队，直面当代高校学生群体的抑郁情绪问题，利用"关系茧房"原理，开发专业的干预工具——"桑格"笔记本，搭建记录并反思生活、建构积极思维方式的线上社群平台——"桑格小组"，帮助参与者学习优势视角、建立起成长性思维，助力其振奋情绪、理清目标、管理生活，从而实现为其赋能，促进其身心健康及学业提升。"桑格"志愿服务团队投身心理疗愈，目前开展情绪疏导团体志愿服务 7 期，覆盖250 人次。

三、工作成效

（一）以赛促学，提升人才培养质量

"星希望"社会工作服务社荣获中国青年志愿服务项目大赛银奖、"创青春"全国大学生创业大赛公益创业赛铜奖、全国 MSW 研究生案例大赛一等奖；湖北省青年志愿服务项目大赛金奖、湖北省"创青春"公益创业大赛银奖、湖北省青年志愿公益项目大赛银奖、湖北省社会工作案例大赛二等奖、湖北社会工作专业硕士实务与技能大赛二等奖和三等奖。"桑格"团队荣获第二届全国 MSW 研究生案例大赛特等奖。

（二）树立典范，加强模范宣传实效

"星希望"社会工作服务社、"人生回顾"团队、"桑格"团队、"阳光病房"服务队等实践活动得到《中国人口报》《中国青年报》《长江日报》《武汉晚报》、湖北电视台、武汉电视台、学习强国、湖北新闻网、长江网、湖北残联官方公众号、武汉残联官方公众号、社工观察公众号、华中科技大学新闻网等各类媒体的多次报道。

（三）响应时代，深入基层服务民生

社会学院始终坚持为党育人、为国育才，引导学生心怀"国之大者"，深入扎根基层，到中西部地区、东北地区、艰苦偏远地区和基层一线就业创业。近三年来，社会学院学子累计40余人考上选调生，向下扎根，向阳生长，紧握时代的"接力棒"，让青春在磨砺中闪烁耀眼光芒。

弘扬医匠精神 汇聚青春力量

第一临床学院｜欧阳真 付子君

华中科技大学第一临床学院研究生党委始终紧扣共青团工作根本任务、政治责任、工作主线三个"根本性问题"，坚持按照"聚焦国家社会需要、依托专业学科特色、服务学生全面发展"实践工作原则，将社会实践与思想政治教育、学科专业行业教育、职业生涯规划教育紧密结合，牢固树立"以人民健康为中心"的学习理念，着力培养"有品德、有品质、有品位"的卓越医学精英，为"健康中国"建设贡献协和力量。

一、开展情况

自"一院一品"项目建设以来，学院领导高度重视，成立专班统筹协调本项工作。研究生党委秉持"实践育人"理念，全力推进研究生社会实践、志愿服务活动，为学生搭建社会实践平台的同时，逐步完善工作体系，探索"实践育人"思路和方法，取得良好效果。组织 7 支研究生社会实践调研队奔赴恩施、贵州等多地开展暑期"三下乡"红色社会实践调研工作；组织研究生在我院参与门诊导医志愿服务，组织研究生前往湖北孝昌、云南临沧等多地开展乡村义诊，健康宣传，组织研究生前往结对社区开展志愿服务，共计开展志愿服务 10 余场，培育研究生服务人民、奉献社会的社会责任感。2023 年我院学生志愿服务社会实践成果丰硕，4 支社会实践队获校优秀团队称号，15 名研究生获校社会实践优秀个人称号，2 支研究生队伍入选 2023 年全国大学生井冈山精神以及"防治结核 志愿有我"志愿宣讲团。1 支队伍入选 2023 年"多彩贵州"社会实践专项活动。

喻见临翔，共建一乡

喻见利川，力行医线

二、创新做法

（一）"党旗领航 薪火相传"，打造初心引航特色育人工程

持续开展红色革命教育、党史国情社情教育实践。先后设置"立德树人大讲堂""开学第一课""知史爱院"等专项实践，引导学生在沉浸式参观实践中知党爱党、荣院兴院。

思想引领 传承红色基因

➢ 多种形式深化红色教育

☐ 开展各类特色活动，党-团-班深度融合

组织开展特色党日活动**20**余次，参与研究生**1200**余人次

引导研究生知党爱党、荣院兴院，坚定理想信仰，助力医院学校发展

初心引航，特色育人

创新设置"思政课"专项实践。依托医学优势学科，思政课教师结合课程实践教学环节内容组建主题实践队，并全程带队指导，针对医学生的不同阶段，设计相应培训课程，内容涵盖培养教育、思政教育、心理健康教育等众多方面，把思想政治理论课课堂教学延展至社会实践大课堂中，深化思想引领成效。

思政课教学内容设计

序号	主题	主要内容
1	做追梦协和人	主要包括形势政策讲解及爱国主义教育
2	专业学位研究生培养政策讲解	主要为临床轮转相关政策要求
3	研究生国际交流相关政策讲解	主要包括研究生国际学术交流基金、短期研修项目介绍
4	华中科技大学学生思想政治教育相关政策讲解	主要为华中科技大学学生纪律处分条例讲解
5	学术研究文献检索技巧和方法	包括协和医院图书馆相关资源、文献检索技巧等
6	研究生心理健康与职业生涯规划	包括日常心理调节、压力应对、自我心理调节
7	研究生新生骨干培训会	包括党建、团建、班级管理等培训

开展"实践故事"宣讲宣传活动。依托微信公众号"研究生园地 WHUH"开展理论普及宣讲、实践风采展示、文创产品开发等活动，讲好传播好新时代青年奋斗和中国发展的故事。

推动实践育人提质增效，搭建专业实践基地，选派医学博士团赴基层医疗机构锻炼。同贵州铜仁市人民医院、恩施利川市人民医院、鹤峰县中心医院、协和东西湖医院、协和江北医院、协和江南医院开展共建活动以及社会实践基地授牌仪式。

宣传阵地，发声媒介——"研究生园地 WHUH"微信公众号

走访基层调研，推动医疗资源下沉

协鹤同行，乡村振兴

搭建专业实践基地

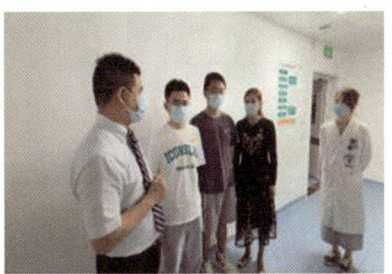

党旗领航，结对共建

（二）发挥基层组织"感召力"，打造清正学风书香校园

打造"医行践行二十大，研路启航共成长"品牌论坛。

（1）学术讲座。邀请院内外多位学术专家带来各个领域的最新科研进展，为协和学子答疑解惑；邀请协和医院德育导师、辅导员用以点代面的形式举办茶话会，了解同学们在科研路上遇到的困难和曲折，鼓励同学们坚持正确的学术道德规范。

（2）实验记录本大赛。组织开展2场实验记录本大赛，培养同学们良好的实验习惯、发挥优秀学子的示范和引领作用。

（3）优秀学子故事分享会。组织历届国奖获得者、"优秀三好学生"等荣誉称号获得者走进各个党支部和团支部，将优良学风建设带到每个支部，共同促进支部的学术氛围建设。

（4）"优良学风我来维护"倡议活动。通过研究生园地WHUH公众号展开相关宣传，组织研究生签署"优良学风我来维护"倡议书。

诚信教育　　　　　　　　　　　　　　　　　专家领学

（三）以学科竞赛为载体，构建创新创业型人才培育体系

搭建和谐互动的创新导学团队，提升参与积极性。在导师端，出台相关激励政策，通过制度引导、全程管理，极大提升研究生导师参与创新创业的积极性，引导导师成立创新导学团队，为推进创新创业工作奠定基础；在学生端，围绕奖学金评定政策、创新研究基金等激励政策，鼓励研究生积极参与创新创业赛事，以赛促学。通过支持引导，我院导师、研究生参与创新创业教育氛围浓厚，成立创新导学团队20余支，指导参与导师30余人，参与研究生60余人，我院2支队伍入选全校

示范性学生创新团队，7支队伍入选创客空间研究生创新团队，7支队伍获产学研创基金。

两支队伍入选全校示范性学生创新团队

三、工作成效

（一）推动高质量就业

我院2023届毕业生就业率提升至98.46%，较2022届提升了2.75%，创历史最高。

（二）创新创业培养取得丰硕成果

创新创业成果丰硕。6支研究生团队在"挑战杯"竞赛中斩获佳绩。其中，"新型脑卒中神经保护剂：纳米酶氢气炸弹"在第十八届"挑战杯"全国大学生课外学术科技作品竞赛"黑科技"展示活动中荣获"星系"级作品（全国特等奖），"'智影'混合现实远程医疗系统——偏远乡镇创伤诊疗领航者"在第十三届"挑战杯"中国大学生创业计划竞赛中荣获全国银奖。6支研究生团队在中国国际"互联网＋"大学生创新创业大赛中取得优异成绩；4支研究生团队在首届湖北省卫生健康行业青年创新大赛中分别斩获省级银奖和铜奖；1支队伍在第一届全国仿真创新应用大赛中荣获全国一等奖；3支队伍在华中科技大学创客空间研究生创新团队竞赛中被评为校级创新优秀团队。

（三）打造"行青春医路，读健康中国"品牌项目

2 支研究生队伍入选 2023 年全国大学生井冈山精神以及"防治结核 志愿有我"志愿宣讲团。1 支队伍入选 2023 年"多彩贵州"社会实践专项活动，获 2023 年武汉市"四个一批"最佳志愿服务组织奖。据不完全统计，2023 年研究生实践队发表新闻稿 20 余篇，事迹被新华财经、创青春、云南医改、湖北高校思政网、华中科技大学新闻网等各级官方媒体报道，点击量累计超 50 万，受到湖北省委、华中科技大学党委重点关注。

志愿服务团队合影

红色基因，"劳"动传承

生命科学与技术学院｜安　娜　郑　方　周　钰

　　近年来，华中科技大学生命科学与技术学院党委坚持以习近平新时代中国特色社会主义思想为指引，紧密围绕生产劳动、生活劳动、社会劳动"三位一体"的劳动教育教学体系，积极探索建设新时代大学生劳动教育实践教学基地，通过劳动理论教育与劳动实践课程、科研创新与创业项目、志愿服务与社会实践活动等方式，大力培养适应中国式现代化建设发展需要的复合型拔尖创新人才。

▌一、开展情况

（一）开展党团班共建新时代大学生劳动教育实践教学课

　　将思政教学元素与切实的劳动实践有机结合，打造具有生命学科特色的劳动实践教学课程，引导学生深入学习贯彻习近平新时代中国特色社会主义思想，深化对"劳动创造价值"和"科学技术是第一生产力"的深刻认识，培育锻造堪当民族复兴大任的时代新人。

　　2023 年 12 月，来自生命科学与技术学院、机械科学与工程学院、软件学院、基础医学院的师生共计 200 余人，共同进行科研报国主题微党课理论学习，依次参观生命科学与技术学院科研共享平台、实验教学中心和生命小农园，亲身参与种植梅花树、栽培紫罗兰、铺置绿草坪、制作小蛋糕的劳育实践，深刻感悟"劳动最光荣、劳动最崇高、劳动最伟大、劳动最美丽"的精神内涵。

"习近平新时代中国特色社会主义思想概论"实践教学课开课

新时代大学生劳动教育实践教学课集锦

（二）开展校级大学生劳动教育课程

充分利用生命科学与技术学院教育教学资源，开展"科技劳动素养与实践"课程，将劳动精神与思政元素充分融入劳动教育全过程，引导学生深刻理解掌握马克思主义劳动观与劳动理论知识素养。

大学生劳动教育课程理论课授课现场

（三）开展特色党日系列劳动教育实践活动

引导学生在生命科学与技术学院劳动教育示范基地（生命小农园）积极参加实践活动、创新创业项目，在劳动实践中掌握新知识、新技术、新工艺、新方法，提高在生产实践中发现问题和创造性解决问题的能力，在动手实践的过程中创造有价值的物化劳动成果。

生物技术系研究生第二党支部开展雷锋月劳动实践活动

（四）组织开展社会性公益劳动

引导学生自觉参与教室、食堂、校园场所的卫生保洁、绿化美化和社会服务等实践项目，结合生命科学与技术学院科技赋能乡村振兴项目、大学生志愿服务西部计划、青年红色筑梦之旅、"三下乡"等社会实践活动开展服务性劳动，强化公共服务意识和主动作为的奉献精神。

2023年暑期，生命科学与技术学院的学子们走进百姓生活，聆听百姓心声，以青年之志、志愿之心，把握时代脉搏，扎根乡村基层，以足迹书写青春诗篇。学子们聚焦乡村振兴战略，组建 40 余支实践队，怀揣着受教育、长才干、做贡献的实践初心，奔赴全国 10 个省 20 余个市开展乡村振兴实践活动。

2023 年生命科学与技术学院社会实践队绽放绚丽实践之花

二、创新做法

生命科学与技术学院在全校率先结合学科专业特色开设课外必修的大学生劳动教育课程："科技劳动素养与实践"，让学生加深对"劳动创造价值"和"科学技术是第一生产力"的理解。课程包含 6 个课时的课堂理论教学和 26 个课时的实践基地劳动实践教学。整个大学生劳动教育课程按照"大思政""大劳育"的思路，从生产劳动（科研）、生活劳动（健康）、社会劳动（公益）三大板块教学，其中大量实践教学环节需要在实践教学基地开展。

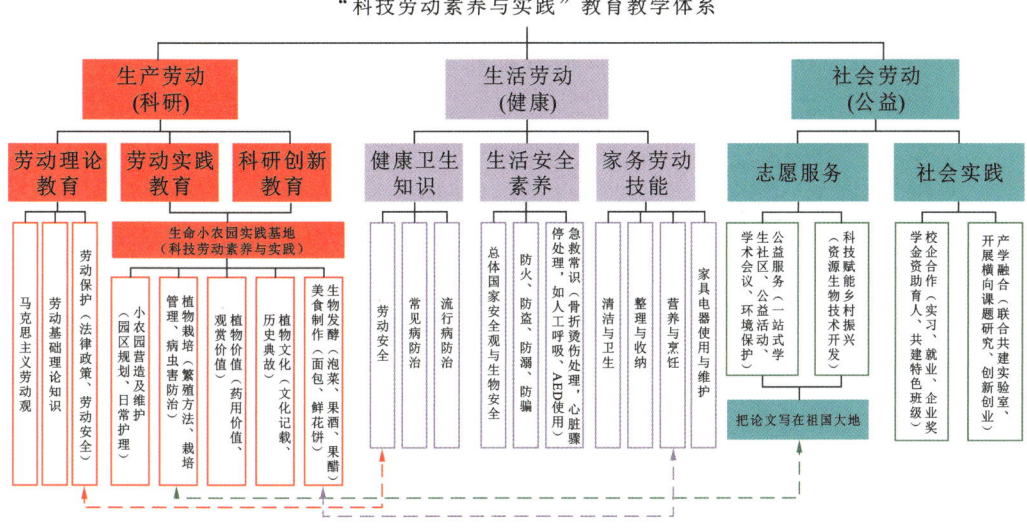

生命科学与技术学院劳动教育教学体系

（一）建设塑造正确劳动观，提高劳动技能理论水平的劳动育人体系

充分发挥我院开设的校级"科技劳动素养与实践"大学生劳动教育课程，以及"湖北省科普教育基地""国家级虚拟仿真实验教学中心""天生我才生涯咨询室""全国百个研究生样板党支部"等平台资源育人功能，引导学生牢固树立以辛勤劳动为荣、以好逸恶劳为耻的劳动价值取向，深刻理解马克思主义劳动观与劳动理论知识素养。

（二）结合专业技术，打造高水平劳动实践项目

将生命小农园作为劳动教育实践教学平台，教授学生利用传统微生物发酵技术，探索植物内外在价值与相关衍生产品的研发实践。开展有明显劳动强度、紧密联系专业技术、具有完整劳动过程等特征的专业劳动实践课程。

（三）围绕劳动教育核心要求，将劳动习惯、劳动品质的养成教育融入文明校园建设中

以本科生各年级为单位，组织开展劳动实践教育相关的宣讲活动、主题班会，并结合植树节、学雷锋纪念日、志愿者日、五一劳动节，开展丰富的劳动实践教学活动；制定学期劳动任务单，组建劳动教育兴趣小组，教育引导学生做好个人居住环境的清洁与卫生，定期开展个人衣物整理、寝室卫生大扫除等劳动实践评估工作。

（四）打造"以劳立德""以劳促创"实践教学体系

运用生命科学与技术学院专家团队所主持的科技赋能助力乡村振兴项目、校企合作和产学协同平台，打造"以劳立德""以劳促创"的实践教学体系，使学生运用所学专业知识投身于乡村振兴战略中，深度参与国内知名企业、研究机构的实习实践，鼓励学生把论文写在祖国大地上，在真学实干中培养奉献服务精神、创新创业能力、学科交叉意识，开展创造性的劳动实践教学。

三、工作成效

（一）人才培养方案完善

将劳动教育理念更加有效地融入学院人才培养方案，增进新时代大学生劳动教育课程体系改革的精准度，助力高校更好地回答"培养什么人、怎样培养人、为谁培养人"的教育根本问题。

（二）五育体系全面贯通

将劳动教育的基本观点、理论、要求、职业技能等内容分别融入专业课程中，并遵从先理论后实践、先感性后理性的逻辑，将相关内容规范化，构建劳动教育与专业课程融合的实施体系。探索传统劳动和新型劳动教育的整合机制，科学设置课程体系，抓住关键环节，将劳动教育的综合育人价值充分彰显出来。围绕树立正确的择业就业创业观，以专业技能、义务劳动、公益志愿活动、社会实践、勤工俭学为主要内容，培育勇担时代使命、勇于迎难而上的奋斗精神。

（三）专业教育与劳动教育相互融合

立足于国家经济社会发展和人的全面发展，对现有的课程进行专业化的梳理，科学构建新时代突出生命科学特色的劳动教育课程系统，将教书育人的注意力更多地放在推动大学生劳动教育理论落地生根、促进大学生全面发展、丰富和发展劳动教育的相关研究上，从而更加顺利和有成效地实现立德树人的重要任务。

用知识奉献爱心·让电器焕发新生

电子信息与通信学院｜陈世英　赵广超　黄晴毓

一直以来，华中科技大学电子信息与通信学院（以下简称电信学院）小红帽志愿服务队坚持以"奉献知识、服务社会"为宗旨，以"敢担大任、勇攀高峰，顶天立地、追求卓越，实学实干、团结奋斗"为目标，形成"志愿服务＋专业学习"相结合的模式，促进"第一课堂"与"第二课堂"双向辐射联动，成立35年来始终围绕家用电器义务维修、用电安全宣传与知识普及，累计组织志愿维修活动300余次，维修电器达3万余件。电信学院小红帽们用知识奉献爱心，让电器焕发新生，在时代舞台上展现青春力量。

1998 年小红帽志愿服务队换届

一、开展情况

小红帽志愿服务队成立于1990年3月5日雷锋日当天，由 vivo 创始人、总裁沈炜（电信学院1989级校友）等人联合发起，成立之初旨在以电信专业知识为技术依托，面向学校师生与社区居民开展家电义务维修志愿服务活动，同时通过家电维修实践，巩固志愿者专业知识，让大学生志愿者在学习中长知识、在实践中增才干。成立至今，小红帽志愿服务队见证了很多电信学子从懵懂青涩到栋梁之材的蜕变，见证了服务区域从学生寝室到千家万户的拓展，更见证了自身从校内团队到志愿服务品牌的积淀与成长。30余年来，小红帽志愿服务队的足迹走过了近20个省市，遍及校内、学校周边、四川地震重灾区以及长征路上的多处革命老区。

小红帽志愿服务队前往社区开展志愿服务

二、创新做法

（一）规范运行管理机制，提升志愿服务水平

经过30余年的发展，小红帽志愿服务队不断建立健全科技志愿者招募、培训、管理、表彰等工作的运行机制，不断提升志愿服务规范化、制度化水平，团队已形成完善的志愿者遴选流程、丰富的志愿者培训课程、健全的志愿者管理模式和立体的志愿服务宣传矩阵，极大地提升了志愿服务水平。

1. 完善的志愿者遴选流程

小红帽志愿服务队招募志愿者主要有两种方式：一是在每年9月份面向大一新生集中纳新；二是日常吸纳全校各学院各年级优秀学生。在电信学院官方微信公众号等平台进行宣传，通过组织志愿宣讲、组织报名、组织初审、实操考核等环节招募一批专业知识基础良好、富有志愿服务热情的大学生志愿者。

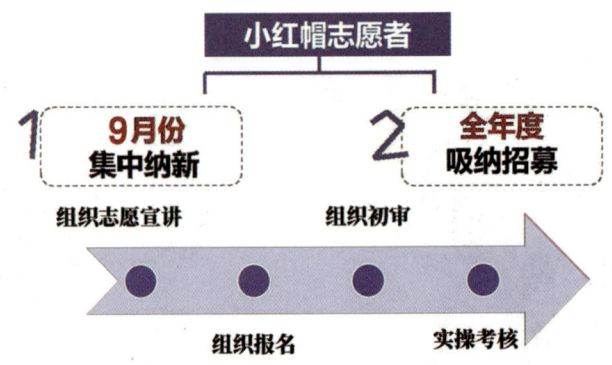

小红帽志愿者遴选模式

2. 丰富的志愿者培训课程

长期以来，小红帽志愿服务队以建立科学合理的志愿者培训体系为重点工作，制作培训PPT，创新培训方式，开展志愿者培训微课堂项目。同时小红帽志愿服务队拥有指导老师数十人，由学院党委副书记、专业教师、团委等老师组成。在志愿者培训方面，一方面由团队内有经验的骨干向新招募的志愿者开展常用电器的维修培训，另一方面由指导老师向志愿者开展志愿者礼仪、志愿者理论精神、小红帽志愿服务队历史、突发事件处理等方面的服务培训。通过培训，提升志愿者实操技能和志愿服务水平。

专业老师开展志愿者培训

3. 健全的志愿者管理模式

一是建立志愿者数据库，包含志愿者基本信息、参与项目情况以及反馈意见等内容，通过建立完整的志愿者数据库，更好地管理和跟踪志愿者信息。二是建立科学评估机制，通过问卷调查、现场记录等方式来评估志愿者维修效果，明确考核标准，根据志愿者的表现来设立奖惩机制，包括优秀志愿者证书、志愿者服务时长和学校第二课堂认证及相关奖品等。

4. 立体的志愿服务宣传矩阵

小红帽志愿服务队建有团队官方微信公众号、官方 QQ 号，拥有近千人的关注人数。小红帽志愿服务队常年与学校、学院媒体及社会媒体保持良好互动，运用线上线下相结合的方式，展示服务内容，吸引更多人加入志愿服务中。

（二）始终坚持创新理念，丰富志愿服务品牌内涵

时任校长周济曾题词勉励小红帽志愿者"重任在肩，时不我待"，从第一任队长沈炜到第三十三任队长雷钟鸣，小红帽志愿服务队始终坚持以"奉献知识、服务社会"为宗旨，坚持将家电义务维修这项工作做好，从一点点的小事做起，在服务过程中也不断坚持创新理念，不断丰富和扩展志愿服务内容。

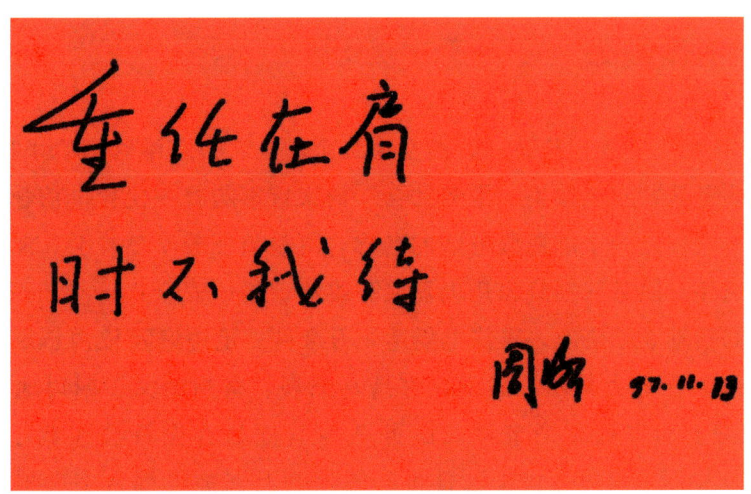

时任校长周济为小红帽志愿服务队题词

1. 扩大服务范围

持续建设小红帽志愿服务队，增加在湖北省范围内的服务频率，减少居民直接丢弃坏旧电器的频率，减轻电子垃圾对环境的污染与破坏，响应"碳中和"的政策号召，提升居民幸福度。

2. 深化服务内涵

面向小学生开展以通信发展和用电安全为主题的爱国教育和知识普及，面向社区居民普及用电常识，呼吁关注用电安全、宣传环保知识，提升居民的安全和环保意识。

3. 增强服务力量

在兄弟高校和院系中成立聚焦家用电器义务维修的志愿服务团队，壮大志愿服务力量，覆盖更多社区居民。面向社区原有志愿者开展家用电器维修教学，为社区打造一支"带不走"的义务维修队。

4. 打造服务模板

凝练总结，对维修流程、用电安全知识等进行总结归纳，制作家用电器维修和用电安全宣讲视频和知识手册，通过"线上视频＋线下手册"的方式，让小红帽志愿服务成为可复制、可推广的经验。

三、工作成效

从1990年成立至今，从最开始的在南二舍的327寝室维修到后来拥有工作室，小红帽志愿服务队"奉献知识、服务社会"的宗旨影响着一代代电信学子和社区居民。小红帽不仅仅是一个志愿服务队的名称，更是象征着奉献社会、服务社会的志愿服务精神风貌。服务队围绕家用电器义务维修、用电安全宣传与知识普及，累计组织志愿维修活动300余次，维修电器达3万余件。足迹遍及校内、周边社区、武汉中南商场、长江动力集团、武钢、宜昌葛洲坝、贵州遵义、四川地震重灾区彭州以及长征路上的多处革命老区。服务队与其项目在全社会引起了强烈反响，《光明日报》《中国青年报》《长江日报》等报刊及当地电视台多次报道，曾荣获湖北省学雷锋志愿服务先进集体、洪山区大学生志愿服务明星团队等荣誉。长期以来，小红帽志愿者们从一点点的小事做起，将雷锋精神不断发扬光大，实现"小红帽、大作为"！

（一）从电信学子到栋梁之材的蜕变

小红帽志愿服务队在育人方面取得了显著效果。他们以"奉献知识，服务社会"为宗旨，不仅传授技能，更传递了奉献和服务的理念。这种理念在电信学子中

小红帽开展电器维修活动

一代代传承，成为他们走向社会前的重要一课。通过参与小红帽的志愿服务活动，学生们不仅提高了自己的技术水平，更学会了如何为社会做出贡献，培养了高度的社会责任感和良好的公民意识。

　　三十余年来，小红帽志愿者中走出了 vivo 总裁沈炜等行业领军人物、华为集团成都研究所所长张伟等企业技术骨干、华科大等高校专业老师以及众多服务群众的基层选调生。"小红帽"第一课堂和第二课堂相结合的志愿服务模式，提升了电信学子实践动手能力和理论实践相结合的能力。

部分志愿者去向

姓名	去向
倪泽锋	Intel 公司
彭开盛	Mexim 公司亚太地区代理
张伟	华为集团成都研究所所长
周波	华科大教师
郑刚	华科大教师
钟国辉	华科大教师
乔木	创维集团
姚迪	北理工教师
刘玉宇	华为集团
欧阳慧	华为集团
许永健	华科大教师
王振	华科大教师
刘婧	深圳大学教师

（二）从寝室维修到奉献社会的积淀

小红帽志愿服务队产生了许多标志性成果。从最初在南二舍的 327 寝室维修电器，到如今拥有自己的工作室，小红帽志愿服务队的成果不仅体现在他们所维修的电器数量和种类上，更体现在他们为社会所做的贡献上。他们的足迹遍布学校周边和全国各地，为社会提供了实实在在的服务，赢得了社会的广泛赞誉。

（三）从校园团队到志愿服务品牌的成长

小红帽志愿服务队的示范引领影响深远。他们的奉献精神和服务理念成了社会典范，引领着更多的人参与到志愿服务中来。他们的行动激发了很多人的爱心和奉献精神，让其他人学会了在服务他人中成长自我。他们所做的事情被《光明日报》《中国青年报》《长江日报》等媒体报道，小红帽志愿服务队的影响力进一步扩大，成为一个志愿服务品牌。

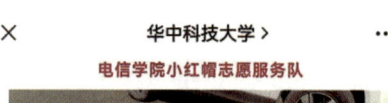

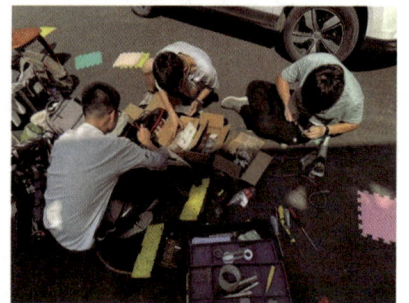

2022年暑假的一天，气温高达40℃，电信学院小红帽志愿服务队的志愿者们忙着在社区里维修居民们送来的小家电，烈日炎炎下，他们手臂晒得黝黑、汗水湿透衣背，却依然忘我工作着。这只是"小红帽们"一年中10余次志愿服务活动中平凡的一次，是"小红帽们"32年来志愿服务活动中平凡的一次。小红帽志愿服务队将服务送到社区、送到基层、送到居民身边，送去生活上的一点点方便、一点点帮助。他们的足迹走过了11个省市，遍及校内、学校周边、四川地震重灾区以及长征路上的多处革命老区。他们用32年耕耘，书写了用知识服务社会的故事。

华中科技大学官微报道小红帽志愿服务队事迹

以"公管之声"发时代新声

公共管理学院｜陈　甜　　丁亚楠　　粟晓丽

近年来，华中科技大学公共管理学院党委坚持以习近平新时代中国特色社会主义思想和党的二十大精神为指引，瞄准"领导者的摇篮、政府的思想库"办学目标，依托公管学科优势，着力提升学生的政治素养和理论宣讲能力，重点打造"公管之声"青年宣讲团，全力培养中国特色社会主义理论体系的学习者、宣讲者、践行者，形成"学习为基础—宣讲为主体—阐释为重点—研究为提升—服务为关键"的育人链条，塑造了具有公管特色的理论学习阵地和思政工作品牌。

一、开展情况

（一）启航：2021 年，蓝图初绘

2021 年，学院充分调研学校红色理论宣讲团及其他院校宣讲团运行情况，总结学院考研、考公、选调生备考分享会和学生骨干培训会经验，为成立"公管之声"宣讲团做好组织准备。

（二）破浪：2022 年，扬帆起航

2022 年，为讲好中国共产党的故事、传播好公管的声音，学院成立宣讲团筹备工作组，正式组建"公管之声"宣讲团。第一届宣讲团面向全院研究生招募、选拔、培训，当年培育出 7 支宣讲队，围绕党史、校史、院史打磨出 7 门精品课程。

（三）砺剑： 2023 年，精益求精

2023 年，第二届"公管之声"宣讲团继承发展。学院强化宣讲团的领导和组织工作，进一步完善课程体系设计、课程打磨迭代、讲师选拔培养、讲师考核激励等机制，形成"学史、思悟、践行"三位一体课程体系，并面向院内外进行宣讲。

（四）远航： 2024 年，继往开来

2024 年，为进一步深化公管特色、擦亮党建品牌，第三届"公管之声"宣讲团扬帆再启航，持续优化课程体系、讲师队伍、发展方向、团队建设，进一步打磨精品课程，助力"公管之声"宣讲团行稳致远。

二、创新做法

（一）专业引领，搭建系统课程体系

"公管之声"宣讲团持续优化课程设计，结合学科特点与学生需求，推出"铸魂、明理、践行"三位一体系列课程。铸魂育人，开设思想引领课程，深入探究党的精神内核与价值追求。明理思政，开设专业领航课程，深化思政教育与专业知识的融合。践行致远，结合学科特色，推出政策解读、公文写作、选调备考等特色课程：以学用结合为导向，运用政治学、公共政策分析等专业知识，对党的理论和政策进行解读；以提升实务技能为导向，创办公文写作课程；以助力就业成才为导向，打造选调备考特色课程。

（二）团队锻造，强化讲师队伍建设

宣讲团坚持"自主报名、公开选拔、择优选聘、动态更新"原则，广泛吸纳优秀青年学子，构建完备的讲师招募、培养、考核体系。在讲师招募上，报名者需经初审、笔试、面试、终审等层层选拔后才能被录用为讲师。在讲师培养上，宣讲团以党支部为单位打造"一组一题一精品"微党课，让备课组在支部学习、打磨、试讲，学院定期开展理论学习、实践实习和授课技能等方面的培训。在讲师考核上，每月随机抽查 2 门课程的开展情况，并以电子问卷形式收集评价，作为讲师考核、课程优化的重要依据。同时，邀请专业人士在讲师培训和试讲环节提供专业指导，为宣讲团提供有力支持。

公共管理学院 "公管之声" 宣讲团课程体系

"铸魂"板块
- ★青年学党史，奋斗正青春
- ★中国共产党的伟大使命和光辉历程
- ★当代青年大学生的人生价值与政治信仰
- ★银屏中的红色印记——中国共产党精神谱系
- ★山海相牵，大道同行——"一带一路"这十年
- ★从人鸟相争到人鸟相亲
- ★聚焦建设更高水平平安中国推进国家安全体系和能力现代化
- ★新质生产力推动银发经济高质量发展
- ★"从李子柒复出透视中华文化自信与非遗传承"
- ★"石榴籽"一家亲：铸牢中华民族共同体意识
- ★承古韵之悠悠，述华夏之煌煌——根植文化自信，讲好中国故事

"践行"板块

"明理"板块
- ★项目管理与行政管理效能提升
- ★党员干部的综合素养
- ★"认知战"与国家长治久安
- ★"枫桥经验"：基层社会治理的"平安合伙人"
- ★解码中国之治：聚焦新时代中国社会治
- ★基层治理探微：选调生实践案例分享

课程名称
- ★会议，你准备好了吗？——常见会议公文写作
- ★进入公文写作世界——本体论、认识论与方法论
- ★活动，你carry全场了么？——活动材料撰写及具体工作内容
- ★山的那边是什么？——教育科技人才三位一体为乡村振兴注入新动能
- ★"植"此青绿，树梦远航——坚持立德树人，答好教育根本之问
- ★中国式现代化实践：华中大一直在路上
- ★科研工具：从想法到实践——本科生科研的正确打开方式
- ★AI赋能：科研遇难题？AI来帮忙！——揭秘AI如何成为科研小助手

打造"师生共讲微党课"新模式，形成3大课程板块、6大课程体系、25节精品微党课

"公管之声"课程体系

"公管之声"师生备课会

（三）服务拓展，提升理论传播实效

宣讲团坚持"青年在哪里，宣讲阵地就到哪里"，不断拓展服务群体，形成了"党团支部巡回讲、重要群体聚焦讲、社会实践拓展讲、网络宣传广泛讲"的立体宣讲模式。一是结合主题党日、团日，在院内外各党团支部开展巡讲。二是结合重要育人节点，针对不同群体定向推送课程，在新生入学教育中讲授校史、

院史，在学生骨干培训中讲授公文写作、公务礼仪，在毕业年级中讲授选调生备考经验。三是结合专业实践，让党史学习、政策解读等课程进社区、进街道、进乡村。四是结合时代特点，录制优秀微党课，在公众号等平台播放宣传，并将课程资源在网上共享，建强网络宣讲阵地。

"公管之声"进中学校园宣讲

"公管之声"进社区宣讲

（四）联动共赢，实现资源融通共享

宣讲团以党支部为单位打造"一组一题一精品"，形成宣讲队伍建设与支部党员培养的统一，实现资源共建、人才共育、成果共享。宣讲团以党支部为单位打磨课程，不仅增强了支部成员理论学习的主动性，更利于在支部内进行课程传承与创新。宣讲团组织系列培训，提高了讲师的理论素养和宣讲能力，同时帮助支部做好党员培养工作，助力党支部组织建设。宣讲团讲师在院内外宣讲，帮助宣讲团扩大影响力，形成品牌效应，同时也有利于党支部提高服务群众的能力。

（五）师生共创，携手共绘青春篇章

宣讲团积极邀请学院党政领导、专家学者、辅导员等优秀教师加入，建立"导师领学＋师生共讲"的新模式，形成了导师引导学、全院同步学、交流研讨学的良好局面。学院老师的加入使得课程的理论性、专业性增强，宣讲团部分课程覆盖多个学院的全体师生党员，为学校党员大轮训提供丰富资源。新课程模式注重线上与线下结合，课堂与课外互动，实践与理论紧密联系，着力推动党员学习教育走深走实、有声有色。

"公管之声"专家学者讲座

三、工作成效

（一）让党的创新理论在宣讲中"飞入寻常百姓家"

宣讲团坚持以青年视角讲述百年党史，用青年话语传播理论之魂。截至2024年底，宣讲团共有25门精品课程，包含理想信念教育系列课程11门、思政育人系列课程6门、实务技能系列课程5门、基层治理系列课程3门。宣讲团开展专题宣讲120余次，全院学生党员、团员覆盖率100%，实现了党史学习教育常态化、校史院史学习深入化。在兄弟院系、基层社区、企事业单位、中小学开展宣讲，覆盖1万余人次；宣讲成果在校级、院级等多个平台宣传共计60余次，累计阅读量超过25万，营造了良好学习氛围。

"公管之声"进企业宣讲

（二）让党旗在学生群体中"招扬云帆立潮头"

宣讲团充分发挥党建引领作用，党团班建设成效明显。"公管之声"从党支部进入各团支部、班级，帮助青年树立远大理想、坚定政治信念、涵养品德修为，使得全院党员的党性修养进一步淬炼、团员的精神风貌进一步提升、各支部的战斗堡垒作用进一步增强。4年多来，学院2个党支部获评校样板党支部、1名党员获湖北省党员标兵、100余名党员获校级荣誉、14个团支部活动获校十佳特色团日活动、2个团支部获校五四红旗团支部。宣讲团让有信仰的学生主动讲信仰，成功在院内掀起一场"红色热潮"，本科生入党申请比例为92％，研究生党员比例为81％，4年共有85名党员成为基层选调生，使党旗在学生群体中高高飘扬。

"公管之声"在团支部宣讲

（三）让科研学习在理论锤炼中"磨砺七彩成文章"

宣讲团以学助讲、以讲促学，实现了专业学习与理论学习的双融合、双促进。"公管之声"宣讲团的建立基于公共管理专业研究，用专业视角解读中国之治，以公管知识阐释中国之理，把科研成果转化为传播党的创新理论的不竭动力。宣讲团成员在素材发掘、案例分析、理论阐释中，将理论知识与中国治理实际相结合，在红色理论的学习中进一步深耕专业研究。同时，通过进社区、进企业、进乡村的宣讲实践，感悟中国发展新面貌，发现基层治理真问题，帮助公管学子挖掘研究课题，真正将论文写在祖国大地上。

就业发展

"五段式"生涯体系助推高质量充分就业

公共卫生学院｜冯　霞　周　丹　蒲　琳

近年来，华中科技大学公共卫生学院（以下简称公卫学院）牢牢把握"立德树人""就业育人"落脚点，以"五育融合"理念为视角，做好"思想政治教育"与"生涯规划教育"协同、"课程思政"与"就业育人"协同，着力打造契合本专业学生成长成才规律的"五段式"生涯规划体系，全面促进学院学生核心竞争力和岗位胜任力的提升，助推学生高质量就业。

一、开展情况

"五段式"指"招生宣传、入学教育、职业规划、专业学习、就业创业实践"等五阶段，贯穿学生从高中到大学毕业全过程。学院通过"深入调研、系统设计、具体实施、评价反馈"四步走，全面梳理了学院历年就业情况、系统了解了学院生涯教育现状及存在的问题，构建了"五段式"生涯规划体系并具体实施。即围绕五阶段，聚焦"本、硕、博"不同层次、"五年制、本硕博、专硕、科硕"不同类型的学生，分别制定生涯规划。

二、创新做法

（一）将生涯教育前置到招生宣传阶段，助力学生专业选择

生涯教育的前置化是优秀生源质量的坚强保障。一是加强队伍建设，做好精准施策。学院成立招生领导委员会、成立学院与责任区招生队伍，依托寒假回访母校组建学生招生宣传团队，40余名教师、100余名优秀学生干部前往各招生组，在高

考招生期间做好专项服务，包括但不限于信息全面掌握、主动精准帮扶、持续关注引领等，实现了一省一员覆盖招生全区域。二是组建专家团队，强化专业科普。组建以邬堂春院士为代表、院领导班子带头的招生宣讲团和招生专家库，近40名入库专家涵盖公卫学院各学科方向，开展各省、市、校专业宣讲30余场，不断强化招生服务中专业科普和社会服务的导向作用。三是加强文化引领，打造宣传矩阵。制作各类宣传物料、招生宣传视频、H5场景秀、宣传画册，进行学院与专业介绍系列推送，制作并拍摄学院《七秩公卫·风华正茂》微视频，讲述专业故事。

生涯教育前置开展系列活动

（二）将生涯教育融入入学教育阶段，助力学生明确方向

生涯教育与入学教育相结合，可助力学生深化自我认知、稳定专业思想、明确规划方向。一是面向本科生开设"公共卫生与预防医学导论"课程。课程以预防医学专业启蒙为核心，以心理团队活动为补充，以高年级学生交流为促进，以学院文化感受为熏陶，让学生系统了解学院和学科，激发学习兴趣，明确努力方向。院士开讲第一课，进行专业概论；各学科主任讲述各学科前言和进行专业科普；心理专业老师带领学生做团队辅导、高年级师兄师姐进行沟通交流；院领导系统介绍学院

人才培养模式和人才培养路径。二是面向本硕博新生开展生涯教育第一课。面向全体本科新生讲述"扣好人生第一粒扣子"生涯教育第一课，全面介绍大学、学院、优秀校友，校院两级提供的生涯教育资源，生涯九宫格等生涯工具，启蒙新生生涯意识。面向全体研究生新生讲述"敢想敢做善作善成"生涯教育第一课，系统介绍华科学子们在哪里、要怎么做、有哪些资源、要去哪里等问题，引导学生树立正确的人生观、价值观和就业观，明确行动方向。三是面向新生周期性开展生涯相关讲座。面对新生各类困惑，组织开展师兄师姐有话说、邀请行业精英来校交流、学校老师进行专业讲座等方式进行就业指导启蒙。

学生入学生涯规划活动

（三）将生涯教育重点引入职业生涯规划阶段，引导学生设计规划

职业规划阶段侧重建立职业认知，引导学生进行生涯规划设计。一是建设"预防医学专业大学生职业生涯规划"课程。课程主要面向大二、研一学生开放，对生涯规划理论、基本知识等进行系统讲解，组织学生前往用人单位进行实习实践。二是开展全覆盖的职业测评，依托学校职业测评资源，引导低年级学生进行职业测评，实现全覆盖，以测促学、以测促就。三是建立个人成长档案。每学期布置寒暑假作业，要求做好学期总结、个人回顾和新学期规划。四是进行个体咨询和指导，依托"筑梦健康"生涯规划室，设置学业促进指导、科研能力辅导、生涯规划、情绪疏导、心理辅导与咨询、求职技巧和简历门诊、事务咨询等板块，做好个性化服务和指导，鼓励学生梳理前进方向，促成目标达成。

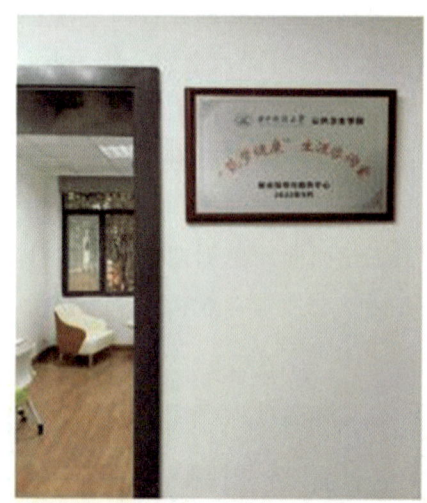

"筑梦健康"特色生涯规划室建设情况

（四）将生涯教育结合到专业学习阶段，提升学生职业素养

生涯与学涯的结合，更加注重学生专业知识学习与职业能力培养的深度融合。一是总结提炼核心胜任力模型。公共卫生：公而忘私（国际视野、家国情怀、敢于奋斗、乐于奉献）、共同行动（团队领导、组织协调、执行力、交流沟通、媒体宣传、抗压力）、卫成天下（专业技能、逻辑推理、实践经验、调研分析）、生生不息（关键时刻站得上去、顶得上来）。二是打造学生"筑梦健康、职等你来"就业训练营。从专业技能、职业素养、就业创业准备等方面展开，加强"成才逐梦"的深度广度教育，引导学生开展实践、培训，获取各类资质证书。三是重视"大学生职业规划大赛"。以大赛为牵引，以赛促学、以赛促教、以赛促就。

"筑梦健康、职等你来"规划教育

（五）将生涯教育融入就业创业阶段，助推学生梦想启航

通过举办各类交流会、座谈会等，覆盖毕业生多层次就业需求。一是精准摸排，跟进毕业生去向。用好就业信息网平台，全面了解毕业生就业意向省份、意向行业以及意向薪资待遇；做好毕业生就业调研，全面摸排毕业生就业能力、就业需求，为后续点对点推送信息提供服务做好准备。二是精准施策，长效追踪。"一生一策"精准帮扶就业困难学生，"一定一清"动态清理未就业学生，"一周一次"毕业后就业服务，掌握学生最新就业进展、做好后续就业、后续派遣和改派等工作。三是精准辅导，助力就业。主要针对毕业生和刚毕业离校的学生进行，聚焦"就业能力提升"，从"简历制作、面试辅导、信息甄别、合法权益介绍、职场礼仪与形象、提升心理承受能力、政策解读"等方面展开。

落实"一把手工程"访企拓岗

三、工作成效

（一）"五段式"体系助力招生宣传质量不断提升

近年来，学院在责任区与专业招生方面进步显著。十堰招生宣传取得历史性的突破，2023 年在十堰地区招生数量过百，物理类、历史类有效生源比显著提升。预防医学专业招生人数质量稳步提升，招生省份个数提升 54.5%，中东部地区比例提升 22.7%；第一志愿填报比例显著提升、转专业比例不断降低。学院获评校招生宣传先进单位。

（二）"五段式"体系助力学生更高质量更加充分就业

近年来，学院毕业生平均就业去向落实率接近 100%。本科生升学率高、升学高校层次好，平均升学率近 70%；研究生就业质量高，医疗卫生单位和高校是其就业主体（占比 80%），就业单位与岗位的专业相关度超过 99%。其中，67% 的毕业研究生赴长江经济带就业，36% 的毕业研究生赴"一带一路"建设地区就业。培育中央选调生、省级定向选调生及西部计划学生等 50 余人，分布在北京、安徽、山东、内蒙古、西藏等全国多个省（市、区），各类选调生人数逐年显著递增。

（三）"五段式"体系助力讲好华科大公卫故事

2023 年，学院线下组织师生共计发放宣传活页 6000 余册；学院官微粉丝攀升至近 8000 人，单日最高阅读次数达 20957 次，阅读人数达 15069 人，多次在校园微信公众号影响力排行榜上保持前列；完善系列学科、专业、文化宣传片《只"卫""喻"见你》《公共卫生学院，等你定义》等，累计播放超 52000 次。

"五步赋能"大学生求职训练营

中欧清洁与可再生能源学院｜赵怡婷　　邹明清　　孙　禄

党的二十大明确指出，人才是第一资源，实施就业优先战略，强化就业优先政策，健全就业促进机制，促进高质量充分就业。华中科技大学中欧清洁与可再生能源学院（以下简称中欧能源学院）是中欧高级别人文交流对话机制启动后续计划的中欧高等教育合作平台的重要内容之一，亦是中国政府和欧盟委员会在工程教育合作领域第一个重要合作项目。学院始终坚持立德树人根本任务，牢牢把握服务国家需求根本目标，加强有组织的就业，致力激发学生的潜能，努力培养具备"双碳"实践经验、基层建设能力和全球治理视野的杰出人才。

一、开展情况

"职"点迷津求职训练营自 2020 年 7 月首次举办以来，已连续举办四届，通过职涯规划、就业准备、职场技能训练、职场素养培养和企业实践对大学生分阶段进行"五步赋能"，共计开展各类经验交流、技能培训、实习实践等活动 40 余场，专场招聘会 20 余场，累计推送重点就业信息 1000 余条，致力打造一个强化生涯教育的"课堂"、促进人才供需对接的"桥梁"、促进大学生就业的"营房"。

训练营通过系统全面的培训，累计帮助 200 余名毕业生顺利完成从校园到职场的成功蜕变。

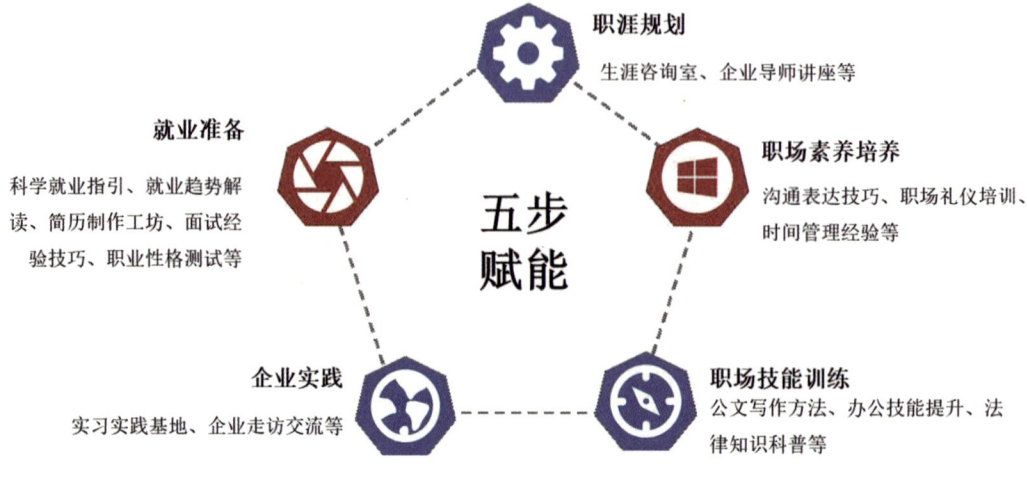

"五步赋能"内容

二、创新做法

（一）构建"全就业周期"服务，打好人才培养组合拳

"职"点迷津求职训练营通过"五步赋能"为不同阶段的学生提供全年全程式就业服务。通过设置不同主题的生涯规划讲座、职场能力培训、专业生涯咨询、对口单位实习实践等活动，"早谋划、早部署、早行动"，增强职业探索、提升专业技能、培养奉献精神和实干精神。

学院充分调动校企合作资源和中外师资力量，分享校友职场成长经历、世界先进技术和行业最新现状等，举办海内外企业院内招聘会，为学生提供最新、最全面的职业发展轨迹与行业发展动态，实现校企合作促就业效用的最大化。

（二）精准化服务促进就业，全面增强就业内生动力

中欧能源学院是国内专一开设新能源科学与工程专业的中外合作办学机构，且风、光、储等细分领域研究生专业培养涉及能源、电气、光学、材料、环境等多个学科，毕业生求职面广泛，个性化需求明显，开展就业培训必须在提升精准化上下功夫。

"职"点迷津求职训练营在开展基础求职培训、始终关注学生长期发展的同时，面向不同交叉学科的学生提供"一对一""点对点"式服务，多次组织国家机关及

基层选调、能源行业、电力行业、互联网行业、材料行业、留学深造等主题系列求职分享活动，邀请企业专家现场进行行业前景展望，并结合学院"I CARE OUR CAREER"生涯咨询室提供"一对一"深度咨询服务，为每一位学生指引前进的方向，提供高质量的就业服务。

学院领导亲授公文写作　　　　　　　　　　无领导小组模拟面试

（三）校企携手护航就业路，加强理论与实践相结合

在学生的生涯发展中，理论知识与实践经验的融合是至关重要的，实践是对理论知识的验证和应用，只有通过实际操作，学生才能真正理解和掌握所学的理论知识。"职"点迷津求职训练营将就业教育和就业指导转化为"三全育人"的重要抓手，深入开展就业育人专题教育，依托校企合作平台，建立产学研合作机制，搭建多个实习实践基地，聘用企业导师，开展多种类、新范式的模拟实训、职业体验等实践活动，培养创业、创新、团队合作、沟通技巧等实用技能和知识，为学生提供真实的工作场景，让他们在实践操作中学习和成长。

师生赴企业进行交流实践　　　　　　　　学生在企业开展模拟面试

（四）坚持"引进来，走出去"，全力铺展就业升学路

"职"点迷津求职训练营在学校"开放活校"国际化发展战略规划指引下，整合中欧优质教育资源，坚持"引进来，走出去"，以培养厚植爱国情怀、具有强烈使命感和国际视野的新时代国际化创新型人才为目标，引导学生寻找全新的职业价值。

一方面，全力抓好国际交流。学院高度重视国际交流工作，不断拓展海外伙伴关系，形成了丰富的国际人才联合培养网络，以期拓宽学生的就业选择面。通过积极选派优秀学生出国交流、研习，推送毕业生到国际组织实习任职，办好"华科大-牛津大学夏令营"，持续增进中外学生的科研实践和人文交流，培养了众多具有国际视野、善于讲好"中国方案"的青年才俊和"知华、友华、助华"的国际学子。

另一方面，全面抓牢留学服务。针对依据培养计划选择出国研习的学生，组织国外安全教育及定期线上交流，讲授权益保护、压力应对、心态调节等方面的实用技巧，体现学院对学生思想教育、心理健康的高度重视。同时积极争取外部资源，构建了中欧政府、企业、学校、学院四位一体的出国交流资助体系，解决学生出国研学的后顾之忧。全面做好项目宣传、经验分享、申请遴选、行前教育、定期汇报、回国总结全链条闭环式管理，进一步提高了国际化育人成效。

三、工作成效

（一）就业质量高

到基层去，到西部去，到祖国最需要的地方去，这不仅是缓解高校毕业生就业结构性矛盾的应对之举，更是青年将个人理想同国家和社会需求结合起来的时代选择。

学院连续四年一次性就业率均超97%，其中在央企国企、国防军工单位、国际组织、基层公共服务部门就业的人数超50%，国内外高校升学率约为12%，从事新能源领域、服务国家"双碳"战略的人数比例更是高达80%。

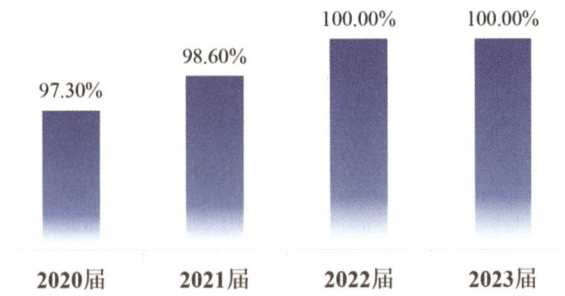

2020—2023 届学生一次性就业率

（二）国际视野广

学院在引导学生参与国际组织就业时，将时代大背景、能源变革新局势同自身中外合作办学及学科优势相结合，孵化出一批具有国际视野的全球治理者。

在"职"点迷津求职训练营中，有 20 余人参加联合国青年领袖精英班，12 人赴巴黎参观合作大学实验室，多人担任"中欧-牛津夏令营"志愿者，29 人赴 PSL（巴黎文理研究大学）研习一年并顺利获得该校学位，4 人获得联合国工业发展组织实习 offer（录用通知）。如曾任学院全球治理与可持续发展协会主席及 2021 年联合国青年领袖冬季精英班华科大学生团队领队的 2019 级硕士生刘方捷，曾赴奥地利维也纳 UNIDO（联合国工业发展组织）总部开展为期一年的实习；2019 年获得 UNIDO 实习邀请的我院 2021 级硕士毕业生姜聪聪，毕业后入职中国电建集团国际工程有限公司，现于阿联酋一风电试点项目技术部工作，积累了宝贵的一线国际工作经验。

学生参加联合国国际劳工组织夏季联合国青年领袖精英班

学生赴联合国工业发展组织实习

连续四届的"职"点迷津求职训练营通过全周期、高水平、精细化的"五步赋能"生涯教育，服务"双碳"人才培养，为国家培养了一批具备坚实专业基础、熟悉科技发展前沿、具有宽广国际视野、适应未来所需的新能源领域复合型高素质创新人才，为"双碳"战略目标的实现贡献了华科大智慧和力量。

选调生"三早三知全程服务"工作体系

土木与水利工程学院│何　春　乔毅帆　丁琪皓　蔡海洋

近年来，华中科技大学土木与水利工程学院党委立足国家战略需求，以"四个服务"为指引，通过"三早三知全程服务"，引导同学们坚定理想、厚植情怀，培养了一批心向基层、许身奋斗的青年。

一、开展情况

学院坚持"为党育人、为国育才"的初心使命，持续推进选调生就业工作，通过早引导、早动员、早培养，播下服务基层的"种子"；通过知己、知彼、知行动，推动报考录取"双提升"；通过全过程全周期服务，助力学生"行稳致远"；培养学生德智体美劳全面发展，助力更多学子成为堪当重任的时代新人。

二、创新做法

（一）早引导、早动员、早培养，播下服务基层的"种子"

早引导：学院党委书记、副书记给各年级学生讲党课；马克思主义学院院长给党支部讲党课；马克思主义学院闫帅、夏增民老师等为学生上思政课；组织开展就业指导大会、班团会、党组织生活会等专题活动，做好日常思想政治教育工作。

学院党委书记给学生讲党课

选调生理想信念教育大会

早动员：组建学院选调生校友群、各届各省份选调生交流群、选调生信息群等，发布相关消息近千条；邀请就业指导中心老师开展选调生政策宣讲及经验分享活动、邀请选调生院友开展"职在必得"系列之"职说"活动共 8 次；院党委书记参与选调生岗前教育活动，引领学生积极投身选调事业。

选调生经验分享会

早培养：积极鼓励学生参与"校青马""头雁领航"等活动，并举办"青禾"骨干训练营、"党员素质能力培训"活动、"院青马班"等，每年可覆盖学生群体200 余人。学生在班级、支部、院级学生组织及校级学生组织参与学生工作超过600 人次；组织开展各级各类社会实践活动，每年参与学生超过 400 人次，有助于学生知行合一、增长才干。

2023 届选调生教育大会暨交流分享会

学院青马班社会实践

学院第二十一届"追日"文化节开幕式

（二）知己、知彼、知行动，推动报考录取"双提升"

知己：充分摸排毕业生实际情况及求职意愿，建立一人一档，定期跟踪，帮助学生明确自身优势、树立备考信心；邀请专家学者开展职业生涯规划讲座；组织生涯规划及自我认知课程、设立学院一对一生涯辅导咨询室，院党委副书记及辅导员担任授课老师及咨询师，引导学生认知自我，投身祖国建设。

知彼：学习并研究各省选调生招聘公告，组织开展招聘公告内容讲解，并梳理历年招聘公告变化，及时与报考学生沟通；组织专人指导修改报名材料，认真指导、反复修改，集中统一报送，提升报名通过率；主动对接各地区组织部政审人员，做好服务工作，帮助学生了解情况，积极协助学生解决中途出现的问题。

知行动：鼓励学生积极参加历届优秀选调生经验分享会，定期开展模拟笔试、模拟面试，提升学生的考试成功率；专人负责、一对一指导学生完成个人政审材料，政审前模拟一对一练习，提升政审通过率；建立报考学生之间的互帮互助小组，定期进行笔试、面试训练，提升录取成功率。

（三）全过程全周期服务，助力学生"行稳致远"

一是选调指导贯穿全年。结合历年各省市招聘时间段指导学生开展报名工作。二是分类指导。根据不同学生特点及需求提出建议供学生选择，助力学生报考适合的地区和岗位。三是重视学生政审工作。指导学生撰写个人政审材料，副书记、学生导师、辅导员、学生认真参与政审谈话，提升政审通过率。四是协助学生顺利签约。帮助学生处理解约签约等相关流程，提供绿色通道，助力学生高效快捷完成选调生签约手续。五是做好宣传回访。在学校、学院宣传选调毕业生10余次，开展线上定期跟踪回访，持续关心学生成长发展。

选调生分享备考经验

三、工作成效

（一）坚定理想信念，勇担时代重任

在学院的引导下，学生们更加坚定理想信念，勇当"爱党爱国、勤学笃行、矢志卓越"的追日学子，将个人的理想追求融入党和国家的事业之中。

土木与水利工程学院 2017 级土木工程专业本科生许同学被国家部委录用为工作人员，顺利完成所在部委定点帮扶地区工作队的基层驻村服务工作。工作三年多，他更加坚定了作为选调生的决心与信心，不仅仅将其作为个人的职业选择，更将这份职业视为值得奋斗的事业和一份为人民服务的家国情怀。

2019—2024 年，学院选调生报名人数超过 700 人，录取总数 175 人，遍布全国 20 余个省（区、市），超过一半的学生主动选择投身湖北、广西、四川、云南、山西、甘肃等中西部地区。

（二）投身扎根基层，不负青春使命

近年来，我院一大批毕业生投身扎根基层，在基层沃土中不断耕耘付出、收获成长；为服务人民挥洒汗水、奉献青春。

2018 级水利工程专业硕士杨同学来自云南大理州，在校期间担任班长，作为主要负责人组织开展"赴云南省暑期社会实践"项目，获优秀实践个人荣誉称号。他被录取为云南定向选调生，曾作为驻村第一书记被组织派驻云南省丽江市宁蒗彝族自治县宁利乡牛窝子村。2018 级土木工程专业硕士宋同学，被录取为湖北引进生（荆州），曾在荆州市江陵县郝穴镇挂职副镇长。

工作后，他们以自己的实际行动在"平凡中见不凡，细微处践初心"，并表达了在实际基层工作中的感悟："即便工作繁琐复杂，但也更加坚定自己的人生价值能在基层实现。"这充分展现了我院学子扎根基层的青春风采。

文化育人

汉字引航启征程

人文学院 | 叶 智 宋海佩

一笔一画诉春秋，一撇一捺绣风华。汉字，历经几千年风雨涤荡，已经深深融入中华民族的文化基因，它不仅是记载、保存和传承悠久中华文化的重要载体，而且是铸牢中华民族共同体意识的文化纽带。近年来，华中科技大学人文学院党委以"字育字乐"汉字引航计划为抓手，依托学院专业课程及国家语言文字推广基地平台，秉承"正字修身、习字育人"理念，通过课程教学、实践探究、文创设计、文化活动等多种形式，挖掘及展示汉字文化在传播知识、启迪智慧、弘扬文化等方面的重要育人作用，传承弘扬汉字文化，探索以汉字文化为代表的中华优秀传统文化与大学生思想政治教育融合的新模式、新路径，助推学生牢固树立文化自信。

一、开展情况

（一）立足专业实际，开展以汉字类课程讲授为主体、学术讲座交流为补充的汉字知识教育

积极建设专业课程，组织安排包括汉语汉字与汉文化、汉字汉语传播与"一带一路"倡议、汉字与书法绘画艺术等 10 个主题教学环节。在本科生中开设"汉字与中国文化""训诂学"课程，在"古文字学"强基班中开设"说文解字导读""古文字学专题"课程，专门开设古文字小课堂，及时更新课程讲义、大纲、教学计划，通过课堂讲授从专业知识层面引导学生继承、发展和弘扬中华优秀传统文化，探索汉语汉字文化研究的理论与方法，挖掘汉字汉语与中华优秀传统文化的内在联系，将思政元素寓于专业课程，培养学生的文化内涵、思想情操和家国情怀，课程已覆盖学院全体本科学生和大部分硕博研究生。

依托学院科研平台和2项国家社科基金重大课题，利用华科大语言论坛、华科大中文学术讲座、荆楚语学大讲坛等150余场汉字文化论坛、讲座、报告会，为学生搭建与专家学者交流学术的平台，提升汉字语言文化认知，拓展学术视野。

组织学生开展院藏古籍的整理、保护工作，如参与相关培训，在国家图书馆修复专家指导下学习古籍修复、保护技艺，学生志愿者将院藏古籍正式编入全国古籍普查系统，院藏古籍有了"身份证"，现已完成明清古籍2000余册、汉画像石拓片226张和书法拓片300余张的整理修复。

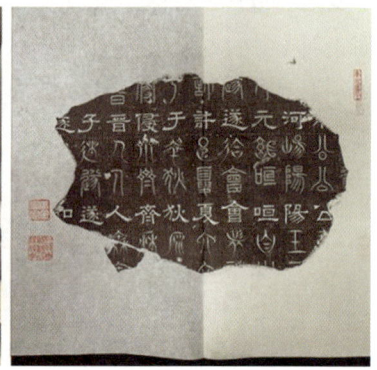

人文学院程邦雄教授主讲古文字小课堂；学院组织学生进行院藏古籍整理修复

人文学院举办喻家山新媒体语言文化论坛、荆楚语学大讲坛等

（二）组织实践研学，开展以挖掘汉字内涵为主线的调研探究活动与文字推广活动

学院专任教师带领学生参观湖北省博物馆、武汉市博物馆等武汉文化地标，探究汉字在人类社会发展演变过程中扮演的重要角色；带领学生前往河南安阳殷墟遗址、中国文字博物馆开展汉字文化研学，挖掘汉字蕴藏的丰富内涵；项目建设至今，已开展实践研学活动8次，参与学生近300人。

人文学院组织学生参观湖北省博物馆　　　　　学生赴中国文字博物馆开展实践研学

依托国家语言文字推广基地，组织志愿者队伍连续两年开展"同语同心乡村振兴"语言文化品牌活动，做到知行合一，活动覆盖群众近1000人，实践队连续两年获团中央"推普助力乡村振兴"全国大学生暑期社会实践志愿服务活动优秀团队；持续两年开展校园用语"啄木鸟行动"，鼓励学生运用专业知识找寻文字漏洞，改善校园内百余处语言景观；走进学生社区，以"秉龟甲契文书千秋古语，承方正雅言奏时代新音"为主题开展甲骨文推广活动，从汉字的形、音、义三个角度设计互动游戏，让全校师生了解汉字的发展历程与重要意义；追溯汉字的源流与发展，把甲骨文、篆书与普通话推广结合在一起，覆盖康居园社区等3个社区的居民近500人。

（三）激发创新活力，开展以弘扬传统文化为主题的夏令营等体验及文创设计活动

连续两年举办中国文化夏令营，通过"汉字文化"讲座与中国书法体验，对汉字的起源和发展进行讲解，吸引100余名国际学生参加，学院参与志愿服务的学生有80余人；组织"汉像汉服皆古色，文物文心谱新风"等文化体验活动，设置毛笔书写环节，让学生在一笔一画、一提一勾间得见汉字风采；组织学院院徽、吉祥物、文化周边等文创设计活动，粉笔字书写大赛活动6次，活动覆盖学院全体学生，鼓励学生将汉字元素融入院徽创作设计中。

人文学院开展"啄木鸟行动"和甲骨文、篆书等汉字推广文化活动

二、创新做法

汉字是中华民族的文化基因，是中华民族永续发展的根基，任时光流转千年，唯其风采不变。人文学院始终坚持守正创新，通过专业教学、课外实践和双创活动等一系列措施，引导学生学习好、挖掘好、运用好、弘扬好以汉字文化为代表的中华优秀传统文化，让汉字文化出圈、出彩、出新。

（一）把握"学习与继承"的关系，让汉字文化从书本中出圈——"动起来"

以汉字文化为代表的中华优秀传统文化是中华文明的智慧结晶和精华所在，是中华民族的根和魂，汉字文化以其深厚的人文内涵和崇高的价值追求为立德树人提供强大的内容支撑。本项目在实施过程中，充分用好知识资源、武汉红色资源及各类平台资源，充分发挥大学专业课堂、博物馆、革命遗址的教育作用，将汉字文化教育和专业教育进行有机结合，激发学生的社会责任感，也促使汉字从书本中的交流符号，出圈转变为意蕴丰富的文化标识。

人文学院举办多种形式的汉字文化体验活动

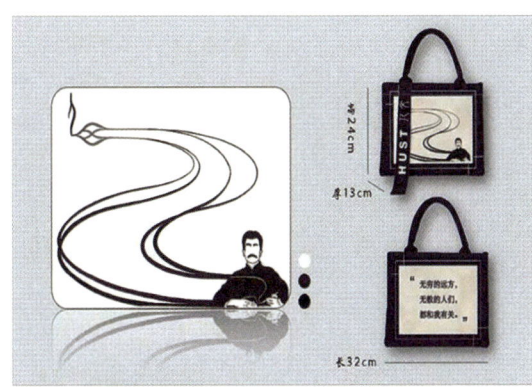

人文学院学生的文创作品

（二）把握"实践与弘扬"的关系，让汉字文化从行动中出彩——"活起来"

增强中国文化影响力必须明确自身的优势。中华五千年灿烂文明的传统文化积淀是我们取之不竭的文化宝库，必须加以利用和创造性转化，在实践中弘扬。本项目通过实践活动形式，带领学生实地调研汉字文化发展历程、身体力行地传播弘扬汉字文化，让汉字文化出彩，让国内群众及世界人民更深入地了解中国的历史，吸引更多中国文化的追随者，树立起更加令人亲近、爱戴、尊敬的中国形象。

（三）把握"创新与发展"的关系，让汉字文化从创意中出新——"亮起来"

习近平总书记指出，"中国的汉文字非常了不起，中华民族的形成和发展离不开汉文字的维系。"建设中国特色社会主义道路、发展社会主义先进文化是实现马克思主义中国化与时代化的必然选择，而中国特色社会主义道路和社会主义先进文化得以巩固与发展的关键，就在于其从深厚的以汉字文化等为代表的中华优秀传统文化中得到了永续的滋养与支撑。本项目将汉字文化融入创新设计及各类文化传播新形式，促进中华优秀传统文化在新时代的发展，实现在发展中出新，推动文化交融，为推动构建人类命运共同体作出贡献。

三、工作成效

（一）提升专业素养水平，助推学院人才培养

1. 提升学生专业技能，锻造了一批"专业扎实、能写会讲"的中文学子，让汉字文化焕"新颜"

了解汉字发展历程，从字音、字形等多方面钻研汉字表意是中文学子必备的专业技能。本项目通过课程形式巩固学生的专业知识，同时通过多个主题教学划分，帮助学生夯实专业基础，并以实践研学、文字推广等形式促进学生书写及表达能力的提升，让学生对甲骨文、篆书、隶书等汉字的演变有更深入的了解，知道"我们从哪里来"。

项目实施过程中，营造出浓厚的专业学习氛围，学院优良学风班比例达100%，2021级本科强基生潘宇卉获评校三好学生标兵。

2. 强化学生使命担当，锻造了一批"不忘本来、积极进取"的薪火传人，让汉字文化耀"新光"

汉字文化不仅有静态的"字"，也有动态的"字"，这指的就是文化传承与推广。我国的汉字文化资源丰富，但是却面临着学生在校内学得到，群众在校外看不到的情况。汉字文化传承，重在传人，本项目致力培养对汉字文化薪火相传、代代守护的继承者。因此我们注重精准实地研学及在居民社区、语言文字发展不够先进的地区开展推广活动，带领学生迈出校门、走出国门进行文化传播，让人文学子自觉承担起汉字文化延续与发展的重任，指导"我们去向哪里"。

经过近三年赴湖北、云南、贵州等地进行语言文字推广社会实践、组织志愿者团队深入近 10 个社区开展文化推广活动，覆盖受众 3000 余人，学生综合素质显著提升，文化传承能力明显加强，各类志愿服务活动受到实践地居民、师生及社区群众一致好评。连续两年获评教育部全国大学生暑期社会实践志愿服务活动优秀团队。

3. 激发学生创新活力，锻造了一批"与时俱进、推陈出新"的先锋创客，让汉字文化出"新彩"

汉字文化源远流长、灿烂辉煌。本项目大力推动文化创新，采用文创设计、文化创意体验等多种形式，在探索中突破超越，在融合中出新、出彩。坚持"汉字文化＋"的工作模式，着力培养一批"中文创客"，以其源源不断的创意为突破口，营造沉浸感、有互动的体验氛围，让古籍古文字"活"起来、让文物文学"动"起来，顺应新时代发展需求，在赓续优秀传统文化过程中创新性发展和创造性转化，引领"我们该怎么做"。

项目充分激发创新能力，学院学生在各类文创大赛、文字书写大赛、汉语国际教育专业技能大赛中屡获佳绩，如多名学生参与学院文创设计并转化为成品，两名学生在第四届"武·汉杯"汉语国际教育专业教学技能大赛中分别获特等奖、一等奖，三十余名学生在"中学西渐杯"全国汉语国际教育综合技能大赛、全国研究生汉语教学微课大赛中获特等奖及一、二、三等奖。

（二）创新思政教育形式，促进理论实践融合

1. 专业教育与思政教育有机结合

汉语是中国人的母语，汉字是记录汉语、承载中华优秀传统文化最重要的载

体，从汉语、汉字中可以找到许多有关中华文化的鲜活的例证，体现出融合传统与现代的审美价值。习近平总书记提出的"四个自信"中，文化自信是更基本、更深沉、更持久的力量。汉字悠久的历史、汉字里丰富灿烂的文化，为我们的"文化自信"提供了充实的证据和鲜活的案例，因此，把"汉字汉语与文化"结合起来，实际上是把专业教育的本体（汉字、汉语教育）和思政教育（文化拓展教育）、美育（传统审美与现代审美）结合起来，对于坚定大学生的文化自信有极其重要的意义和价值。

2. 人才培养与思政教育有机结合

国家高度重视基础学科发展，人文学院"古文字学"强基计划承担了人才培养的重要任务，本项目与强基计划紧密结合，注重挖掘在专业知识背后的"优秀的传统文化"，广泛涉及思政教育中"培养建设者与接班人"与"国之大者"的理想信念教育内容，具有其他课程、教育不可替代的作用和意义。

3. 理论学习与社会实践有机结合

本项目依托专业基础课程"汉字与文化"等，一方面分专题系统讲授知识，另一方面充分发挥湖北特别是武汉的历史文化名城优势，带领学生到湖北省博物馆、武汉博物馆和盘龙城遗址等地实地参观考察、现场教学，体验汉语汉字与中华文化的博大精深，激发学生强烈的爱国情怀。此外，学院还组织省外研学、"一带一路"国际社会实践等，让学生真正"走出去"，拓宽国际视野，讲好中国故事。

汉字承载了博大精深的中华五千年文明史，作为中华优秀传统文化传承和创新的重要平台，人文学院始终不遗余力地发挥传统文化育人作用，在文化强国背景下，坚持推进文化育人工程。下一步，人文学院将从汉字文化视角出发，继续深度挖掘文化因子，寻求其与文化育人的有效融合路径，积极推动文化传承与高等教育创新同频共振，在文化教育中引领学生担负起国家富强、民族复兴的重任。

传华夏精粹，"语"世界对话，做好文化传播者

外国语学院｜胡　祎　　方　芳　　李嘉琦　　曹君怡

近年来，华中科技大学外国语学院坚持融通中外文化、增进文明交流的使命责任，以培养有家国情怀、有国际视野、有专业本领的复合型外语人才为目标，围绕"文化输入"和"文化输出"开展系列活动，引导青年学子坚定"四个自信"，树立"四个正确认识"，努力用世界语言讲好华科大故事、讲好中国故事。

一、开展情况

学院立足专业特色和时代使命，总结凝练，着力打造"传华夏精粹·'语'世界对话"思政工作品牌，围绕"文化输入"和"文化输出"面向全校学生开展丰富多彩的语言文化活动，逐渐形成了以外语角、模拟联合国大会、外语文化节为特色的"喻见世界"系列活动，以多语种改编视频、多语种社会服务为特色的"语你一起"系列活动和以多语种传播中华优秀传统文化、红色文化等为特色的"外语＋"系列活动，着力在全校营造积极的语言学习氛围，引导青年学子提升跨文化交际能力和国际胜任力，更好地领悟中国、面向世界。

二、创新做法

（一）文化输入：传华夏精粹，用中华文化厚植家国情怀

1. 学传统文化，涵文化素养

将中华传统文化融入第一课堂。面向学生开设"中国语言文化""英汉语言比较与翻译实践"等课程，邀请在文化传播、文化传承方面有经验的老师进行授课，引导青年学子提升文化底蕴，提高文化素养。

将中华传统文化融入第二课堂。党支部、团支部、学生社区、班级等联合开展"传华夏精粹"系列活动，如"编光织影·遗揽风采"非遗国风文化节、"青碧缬素巾，妙手染繁花"扎染文化体验活动等，引导学生在实践活动中加深对传统文化的了解和热爱。

"青碧缬素巾，妙手染繁花"扎染文化体验活动

"拓花草、染春天"花草拓印活动

2. 过传统节日，品人文情怀

传统节日的形成，是一个民族或国家的历史文化长期积淀凝聚的过程，蕴含着深邃丰厚的文化内涵。学院加强线上线下对传统节日的宣传，如线下协办二十四节气"风物有时节"游园会、"共话喻园，踏月而歌"中秋游园会等活动，线上设"二十四节气"视频介绍专栏，营造认识并传承中华优秀传统文化的学习氛围。

"二十四节气"游园会宣传介绍

3. 走文化故地，守传续薪火

线上依托微信公众号设科普学习专栏"习荆楚文化，促多语传播"；线下组织学生前往黄鹤楼、湖北省博物馆、叶开泰中医药文化博物馆等文化故地参观学习并进行多语种宣传，创作中英双语版《黄鹤楼传说》故事集、湖北省博物馆多语种宣传海报、蜀绣多语种宣传视频等，帮助学生加深对中华传统文化的理解，坚定传承和传播中华文化的信心和决心。

用语言推介荆楚文化（湖北省博物馆双语宣传册）

4. 访文化使者，感赤子深情

组织讲好中国故事、孔子学院经验分享会等文化交流讲座，邀请文化使者分享在文化交流过程中对中华优秀传统文化的深刻感受、对国家和民族的深厚感情以及传播中华文化的深深自豪。近年来，学院每年派出学生作为志愿者赴新西兰坎特伯雷大学孔子学院担任汉语教师。

学生在新西兰坎特伯雷大学孔子学院担任汉语教师

（二）文化输出："语"世界对话，用世界语言讲述中国故事

1. 立足学校，营造外语氛围

多语种视频唱出浓浓祝福。立足学科特色，组织学生用多语种表达对学校、对祖国的祝福，如，在庆祝中国共产党成立 100 周年之际，多语种改编《少年》献礼祖国；在七十周年校庆之际，多语种改编歌曲《一起向未来》《新青年》献礼学校；在"一带一路"倡议提出十周年之际，开展"美美'语'共丝路情"短视频比赛。

多语种改编视频剪影

多途径营造外语学习氛围。立足全校开展系列语言文化活动，如常态化在教室、学生社区、学生食堂开展"喻见世界"外语角，来自不同学科的中外学生数千人次参加；面向全国大、中学生开展华中科技大学模拟联合国大会，引导学生

在角色扮演中拓宽国际视野，在思想碰撞中增强责任；开展外语配音大赛、外文歌曲大赛、外文风采大赛等外语文化节活动，逐步形成以外语角、模拟联合国大会、外语文化节等为特色的"喻见世界"系列活动，在全校营造浓厚的语言学习氛围。

"喻见世界"外语角

华中科技大学模拟联合国大会

2. 服务地方，讲述青春故事

讲述"外语+"红色故事。立足武汉丰富的红色教育资源，学院多次组织学生实地走访红色教育基地并进行多语种介绍，如走访辛亥革命武昌起义纪念馆并进行该纪念馆的中英文语料库建设研究，挖掘黎黄陂路红色故事并制作"听小语讲江城故事"多语种宣传册，引导学生在专业学习和红色教育中传承红色基因、赓续革命薪火。

讲述"外语+"文化故事。立足专业特色，组织学生挖掘和翻译黄鹤楼背后的历史文化故事，创作中英双语版《黄鹤楼传说》故事集，并完成黄鹤楼景点诗

参观中山舰博物馆

词汉英双语语料库建设研究，挖掘武汉市优秀建筑的外宣故事并完成武汉市优秀建筑故事多语种外译研究。同时，开展"习荆楚文化，促多语传播"社会实践、"追'译'荆楚之源"宣传活动，在实践和锻炼中更好地向中国和世界讲好荆楚文化故事。

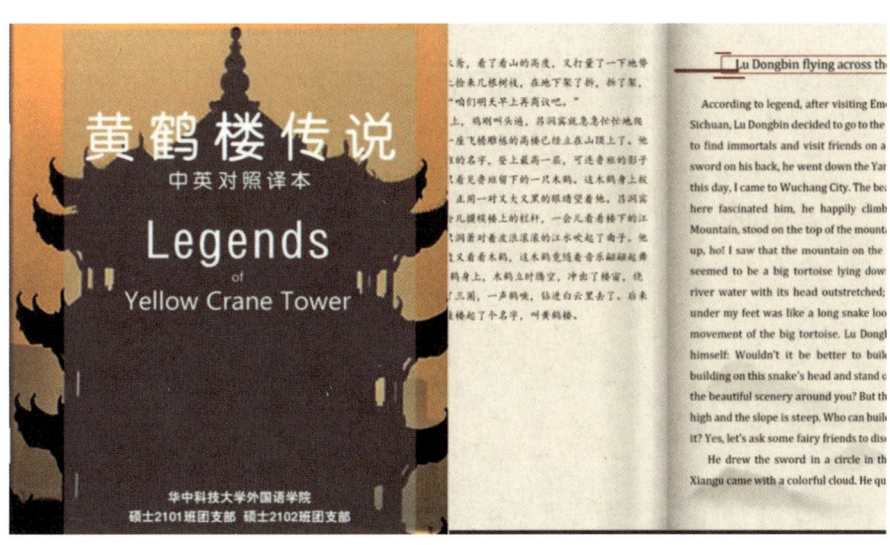

中英双语版《黄鹤楼传说》（仅供学院内部交流学习使用）

3. 面向世界，讲述中国故事

依托重要外事舞台，提供高质量语言服务。组建"喻译"语言服务青年团队，用高质量的语言服务助力重大外交活动的顺利开展，如完成国家主席习近平在《湿地公约》缔约方大会上致辞的同声传译及其他多项重要议程的同声传译，2023年先后为第三届中非经贸博览会、第31届世界大学生夏季运动会、第19届亚运会、第37届全国青少年科技创新大赛等重要活动提供高质量语言服务。

学生为第31届世界大学生夏季运动会提供新闻采编和语言服务

拓宽国际视野，培养优秀文化使者。承办学校首届国际胜任力人才培养班，面向全校选拔50名本硕博学员，教学与实践结合、线上与线下结合、校内与校外结合；邀请联合国环境规划署区域合作司原副司长王之佳，国际原子能机构核能部能源计划、信息和知识管理司司长黄玮等领域内知名专家面向学生开展讲座；组织学生前往中国联合国协会、联合国开发计划署驻华代表处等走访学习，引导学生从全球治理的学习者，成长为参与者、贡献者和引领者。

三、工作成效

自立项以来，学院整合资源，不断丰富第一、第二课堂活动内涵，进一步擦亮"传华夏精粹·'语'世界对话"思政工作品牌，以外语角、模拟联合国大会、外语文化节为特色的"喻见世界"系列活动，以多语种改编视频、多语种社会服务为特色的"语你一起"系列活动和以多语种传播中华优秀传统文化、红色文化为特色的"外语＋"系列活动在全校的影响力不断提升。

国际胜任力人才培养班

参观联合国教育科学文化组织教师教育中心

　　在此基础上，我院学生在第十九届中国模拟联合国大会获杰出表现奖，在"理解当代中国"全国大学生外语能力大赛获金奖；"喻译"团队获评校青年五四奖章集体；模拟联合国大会获校科技节活动重点立项，并吸引了来自21所大、中学的120余名中外学生参与；"喻见世界"外语角活动入选校"双一流"文化品牌立项，来自不同学科的学生数千人次参与该活动；首届国际胜任力人才培养班顺利结业。今后，学院将继续以"传华夏精粹·'语'世界对话"思政工作品牌为载体，引导青年学子走向国际舞台，用世界语言讲好华科大故事、讲好中国故事。

学生参加第十九届中国模拟联合国大会并获奖

寓美于德铸牢时代新人之魂

艺术学院｜周　蕾　赵　琳

　　近年来，华中科技大学艺术学院党委紧紧围绕立德树人根本任务，以"培养担当民族复兴大任的时代新人"为目标，以美为媒，着力用好寓美于德的"塑造器"、守正创新的"孵化器"、学科融合的"催化剂"，为时代新人铸魂工程浸润式深耕美育土壤。

一、开展情况

（一）寓美于德，让百年党史从活起来到火起来

　　红色艺术经典是中国共产党人初心使命和精神谱系的鲜活载体。学院注重从政治属性、文化属性、审美属性深挖革命精神，以革命精神艺术化的呈现，将"明理"与"悟情"相融合，以"有声"的红色艺术经典推动党史教育"润物细无声"。

　　一是艺术课堂生动讲活百年党史。先后邀请中国人民解放军军乐团原团长于海、国家级教学名师刘辉等，讲授"我们的国歌、红色旋律中的百年党史"等美育思政课，党委副书记面向多个学院学生讲授"聆听艺术经典中的红色精神"主题党课；各团支部开展"讲好中国故事·弘扬革命精神——战斗英雄张富清"等沉浸式艺术团课，形成体验式、沉浸式、互动式的育人场域。

　　二是艺术舞台鲜活再现百年党史。打造"红色传承""琴键上的中国""最美的颂歌献给党"等品牌，在校园各处如图书馆、教学楼等开展多次火爆全国、全网热搜的"红色快闪"活动；参演团省委"永久奋斗的青春"主题话剧团课，学生在《把泪焦桐成雨》中饰演"焦裕禄"一角获优秀演员，受邀前往各市州、学校等进行宣讲。

三是音乐视角解读革命精神密码。策划《红色音乐中的革命精神谱系》《这十年·红歌青年讲》系列推文，指导学生党员围绕红船精神、长征精神等革命精神，回望被记录在音乐里的信仰光芒；成立"追寻之声"文艺讲演团，以青年视角讲活革命精神，面向全校及社会预约，自成立以来，在校内外开展宣讲活动20余场，覆盖听众千余人，入选团中央全国大学生井冈山精神志愿宣讲团。

国家一级指挥、中国人民解放军军乐团原团长于海讲授"我们的国歌"音乐思政课

红色传承："赏红色经典　奏青春华章"学生社区文艺展演在紫菘学生活动中心举行

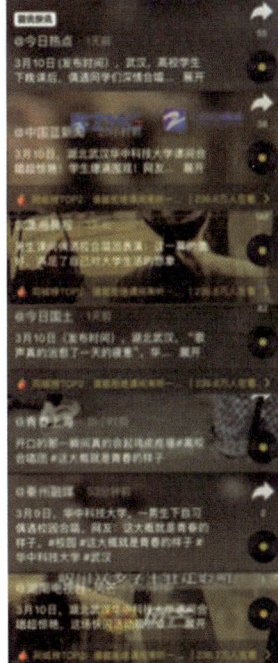

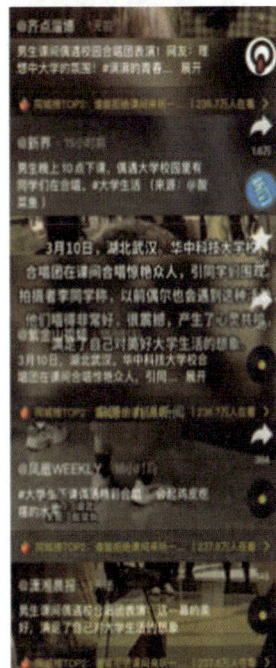

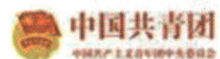

合唱团在教学楼开展红色音乐主题的艺术快闪活动，演唱《传奇》《追寻》，受共青团中央、中华全国学联官方平台关注，中国青年网转载，抖音平台同城热搜第一，浏览量破 2000 万

艺术家专访：中国著名歌唱家吴碧霞、中国民族管弦乐（十大）杰出指挥家张列、《洪湖赤卫队》编曲人王秀峰、钢琴协奏曲《长征》创作者麻书豪接受我院学生专访

成立"追寻之声"文艺讲演团，以青年视角讲活革命精神

（二）守正创新，让传统文化从进校园到"浸"校园

中华优秀传统文化是中华民族的精神命脉，是思政教育的人文底蕴。学院注重通过中华艺术经典深刻阐释中国精神、中国文化，把文化自信教育落实到校园文化建设实处，让校园文化有内涵地活跃起来。

一是创新演绎"声"根中华文脉。以中秋、端午、新年等传统节日为契机，打造"喻见中国""喻园戏曲节""森林之声"新年音乐会等文化品牌，以多种艺术形式，融合年轻人喜爱的音乐语言进行创新演绎，焕发传统文化的新鲜活力。

二是名师引领示范文化魅力。实施"驻校艺术家"计划，多位著名艺术家走进校园。全国德艺双馨工作者吴碧霞讲述红楼文化，国家一级指挥张列执棒，携手我院学子同台演绎"梦系红楼"大型主题音乐会；"只此青绿"主演孟庆旸现场亲授"青绿腰"动作；香港中乐团指挥阎惠昌开办"琴台·江城·水之声"音乐文化工作坊等。

三是统筹资源形成联动机制。学院与多个教育部门、文艺单位如香港中乐团、中国交响乐团、洪山区文化体育局、武汉汉剧院、湖北省歌剧舞剧院、琴台大剧院与音乐厅等合作，建立优秀传统艺术文化进校园的联动机制，承办"京剧脸谱""湖北大鼓的发展以及存续状况""侗族大歌音乐会"等优秀传统艺术文化进校园活动，聆听新时代的国音风采，让广大学子获得情感的愉悦与心灵的感动，形成对历史观、国家观、文化观的共情效应。

中华优秀传统文化进校园系列——吴碧霞携手我院学子演绎"梦系红楼"大型主题音乐会

非物质文化遗产进校园系列——世界上最古老的多声部民歌：侗族大歌音乐会

（三）学科融合，让文艺创造从书写到抒写

创新是文艺的生命，是华中科技大学的文化名片。学院持续探索用当代艺术语言彰显校园文化之美、传统文化之美、时代精神之美。

一是挖掘内涵活化华科大文化之美。创作朗诵作品《在此》、小品《有你真好》，讲述我校师生的战疫故事；创作舞蹈《捧在手心的梦想》、短剧《追》，鲜活演绎我校"学在华科大"的文化名片；创作舞蹈《向阳而生》，讲述我校支教志愿者在云南乡村振兴定点帮扶的故事。

二是古韵新调彰显传统文化之美。创作《水上踏歌》《莫问归期》等多部富有中华文化深厚底蕴、展现当代青年文化自信的民乐作品，在央视《风华国乐》栏目展演。

三是学科融合创新科学家精神教育。创作音诗画《百年青年说》，讲述以茅以升、朱光亚、黄令仪为代表的科学家的科技报国故事，参演第37届全国青少年科技创新大赛开幕式，央视、央视频全程播出，新华网等媒体报道。校内外多个学院部门联合，连续八年举办"中国航天探月征程""李政道的科艺情怀""听音识数、赏乐辨形"等"听月"科学与艺术主题沙龙；建设通识选修课程"音乐与物理"，打造"ARTSCI故事会"系列推文、策划《物理学家的喜剧五则》话剧表演等，用艺术彰显科学家精神内涵。

原创舞蹈《向阳而生》展现我校支教志愿者远赴云南乡村振兴定点帮扶的"脱贫攻坚"精神

原创民乐作品《水上踏歌》受邀参加中央电视台《风华国乐》栏目展演

第六期"听月"科学与艺术主题沙龙："嫦娥揽月，逐梦星空——中国航天探月征程"

二、创新做法

（一）用好寓美于德的"塑造器"

充分发挥美育在审美、铸魂、践行方面的优势，构建"三维四阶"美育思政育人范式，即以传统文化增信、以红色音乐明志、以文艺创作践行的"三维"路径，和强化主体文化情感、提升主体文化认知、塑造主体文化意志、激发主体文化行为的"四阶"教育模式，引导学生从审美体验—文化认知—价值塑造—文化行为，在生动的音乐交流与强烈的情感共鸣中，沉浸式与历史对话，帮助学生提升党的创新理论素养、艺术审美素养和创新转化能力。

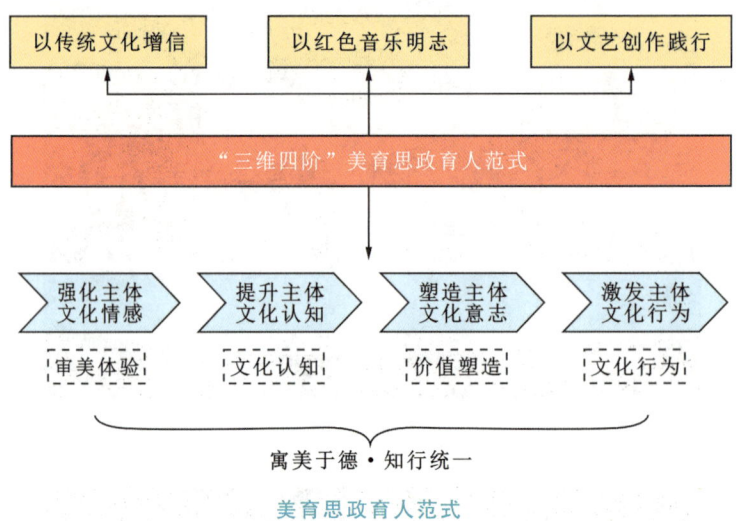

美育思政育人范式

（二）用好守正创新的"孵化器"

创新是民族进步、文艺创作、人才培养的灵魂，学院聚焦三者的内在契合性和目标一致性，将中华文化基因与新时代音乐语言相融合，吸引更广泛的青年人成为参与者与建设者，以文艺守正创新激发民族文化、科学研究、自我成长等的创新发展，为复合型创新人才培养提供有力支撑。

（三）用好学科融合的"催化剂"

以学科融合理念持续整合多学科的美育资源，开展以艺术教育为主线、跨学科美育为突破口的"融合式"美育。在教育过程中，注重强化多学科知识整合、激发跨学科思维、扩大多视角认知，来加强美育与其他四育的融合，将习近平总书记"美术、艺术、科学、技术相辅相成、相互促进、相得益彰"的理念落到实处。

三、工作成效

（一）党旗领航有力量地飘扬起来，各类成果丰富

积极回应了国家提出的五育并举培养时代新人的时代呼唤，发挥美育"春风化雨、润物无声"的育人特点，引导学生从中华优秀传统文化中汲取文脉力量，在红色主旋律中坚定理想信念，在各行各业中永葆初心，勇担使命，实现"求其真、明以德、游于艺"的追求。近五年，学院学子受邀参演央视《风华国乐》栏目、团省委主题音乐团课、全国青少年科技创新大赛开幕式、中国大学生音乐艺术节启动仪式等，入选2024年全国大学生井冈山精神志愿宣讲团，受《人民日报》邀请演绎五四主题MV《逐空》，让网友惊呼"这就是青春的模样"；获评教育部"礼敬中华优秀传统文化"特色展示项目、省社会实践一流课程、省高校美育改革创新案例（3项）、省优秀艺术实践工作坊、省百生讲坛活力团支部等多个奖项。

受《人民日报》邀请演绎五四主题MV《逐空》

（二）校园文化有内涵地活跃起来，官媒高度评价

我院大学生美育实践教学基地入选校首批"大思政课"实践教学基地，每年开展百场教育活动，有力支撑了"周周有艺术活动、处处有艺术瞬间、人人有美育体

验"的浸润式校园空间建设，受到《人民日报》、新华社、《光明日报》、学习强国、《中国青年报》等官媒高度评价。其中，校园艺术快闪在抖音平台获同城热搜第一，浏览量破 2000 万；2023 年 11 月，《人民日报》教育版以"华中科技大学构建面向全体学生的艺术教育 持续推进美育工作做深做实（在一线）"为题，对学校的美育工作给予高度肯定。

"森林之声"——华中科技大学 2024 年新年音乐会

（三）创新动能有生机地澎湃起来，素养显著提升

调查显示，学生普遍认可自身在文化理解、审美感知、艺术表现、创意实践、文化自信等方面的提升，并呈现出"学艺兼优"的特性。近五年，我校学子获中国国际合唱节金奖、意大利萨维利奥·梅尔卡丹特国际单簧管比赛青年组第一名、全国大学生艺术展演一等奖等省级及以上奖项 80 余项；在中国高等教育学会发布的全国普通高校大学生竞赛 5 个榜单中均位居全国第二。

华中科技大学"追寻之声"文艺志愿服务队参加"三下乡"暑期社会实践

美美与"工"：基于合唱艺术的工科生美育实践

能源与动力工程学院｜许　霁　郑妮婷　孙　禄

基于美美与"工"新工科大学生美育教育工作体系，华中科技大学能源与动力工程学院（以下简称能源学院）以提升学生的审美能力、艺术修养为目标，坚持"让每个学生参与"的美育理念，结合工科生发展规律与心理特征，着力进行个性化的美育培育、中华美育精神培育和新工科人才综合能力提升，开展以班级合唱大赛为主线的美育实践教育系列活动，探索建立基于合唱艺术的工科生美育实践体系，满足学生美育实践的广泛需求，取得显著成效。

一、开展情况

能源学院于 2017 年组建了大学生合唱团，该合唱团也成为华中科技大学最早成立的合唱团之一。学院持续八年做好合唱团培育，团员规模常年保持在 60 人左右。

（一）学院党委高度重视

学院党委副书记每学期与合唱团成员座谈，及时了解并解决团队建设发展过程中存在的困难。学院团委书记日常指导合唱团各项活动开展，每月与合唱团成员互动交流。学院将合唱团骨干成员纳入学生干部培养体系，每学期至少开展 2 次专题培训。学院聘请学校艺术学院副教授为合唱团进行常态化培训指导，设置经费支持合唱团建设，每年在合唱团演出服装、教师聘请方面投入超过 2 万元，支持合唱团每年参加校院两级文艺活动十余场。

（二）国际交流拓展视野

学院组织合唱团成员三次赴美国、英国、新加坡开展研学交流，并在美国斯坦福大学进行"艺术与科学"专项交流演出，让学生在合唱艺术的国际交流中增阅历、长才干、强自信。2023 年 7 月，能源学院学术夏令营和牛津夏令营共同举办"中英音乐之旅"，双方充分进行了文化和艺术交流，得到湖北电视台专题报道。同时，能源学院合唱团注重吸纳校内其他学院的学生，为不同专业学生开展美育、科创等交流提供平台，助力学生成才。

（三）社团联动丰富内容

学院积极联动能源合唱团、吉他协会、才艺表现突出的班集体和个人，引导学生自发组织形式多样、格调高雅的歌唱类文艺活动。一是高度重视强化指导，学院常年指导吉他协会校级社团建设，该协会成员数量稳定在 100 人左右，院党委副书记每年与吉他协会骨干成员座谈，学院每年投入经费 2 万元以上，用于支持吉他协会与合唱团联合举办"正青春"音乐节、民谣音乐节等大型歌唱类文艺活动。二是设置艺术社团工作室，在学生社区设置人文艺术素养提升工作室，为合唱团、吉他协会等提供工作交流场所。三是充分发挥艺术社团-班级的美育互助功能，邀请校合唱团、吉他协会骨干成员担任"能咖"音乐会、班级合唱大赛等学院文艺活动的音乐指导，助力工科生歌唱素养提升，培养学生的服务互助意识。

二、创新做法

（一）成立文体俱乐部做好日常管理

为方便合唱团、吉他协会、蓝天剧社的日常培训、财务报销、组织换届等工作开展，学院特成立文体俱乐部，负责指导艺术社团的财务整理、问题沟通、工作计划制订与执行等日常事务，强化艺术社团的日常管理和后勤保障。通过文体俱乐部积极加强与校友企业的联系与合作，每年获得企业对"动力之夜"、乡村美育支教活动的捐赠支持超过 8 万元。

（二）构建多层次、覆盖广的文艺活动体系

近年来，通过承办校园十大歌手比赛、"正青春"音乐节、民谣音乐节等大型校级活动，以及主办"动力之夜"、毕业晚会、"能咖"森林音乐会等院级文艺活动，学院逐步构建起多层次、覆盖广的文艺活动体系，为具有一定艺术素养的同学提供了广阔舞台，充分激发工科生登台表演的潜在热情，培育学生提升自身美育素养的内生动力。学院还积极推广以门槛低、易参与的歌曲类节目为主的小规模、频次高的小型音乐会，例如，2023年学院在"能咖"教育基地开展小型音乐会，采用学生线上提前报名、现场即兴报名的方式，邀请吉他协会搭建简易小舞台，活动现场气氛火热，单场线上自由报名节目近20个，现场申请即兴登台的学生更是排起长队，参与学生覆盖本科生和研究生，更吸引了众多其他学院学生参与。

举办"能咖"小型音乐会

（三）组建乡村学校童声合唱团

为加强对合唱团成员的教育培养，引导他们树立去祖国最需要的地方奉献青春的理想，同时充分发挥其特长优势，助力乡村学校美育，学院每年组织能源合唱团成员赴湖北恩施周家湾村等地组建乡村学校童声合唱团，联系企业、爱心人士为乡村学校捐赠音乐器材、图书角。自2016年活动开展以来，累计1000余名山区学子受益，累计300余名大学生走进乡村认知国情社情。

合唱团成员赴乡村学校组建童声合唱团

三、工作成效

近年来，学院基于合唱艺术的工科生美育教育实践收获了显著的育人成果。

（一）打造班级合唱大赛活动品牌

学院连续七年举办班级合唱大赛，聘请艺术学院教师担任音乐指导，为每场大赛投入经费均超过3万元，提供舞台、灯光、专业音响等设备支持，保证大赛节目质量，登台学生覆盖本硕博各年级，每年学院均有领导、专任教师到场观看，形成让师生广泛参与、良性互动的班级合唱大赛活动品牌。

举办班级合唱大赛

（二）系统性推动学生广泛参与文艺活动

多年来学院坚持多层次、高频率、广参与的美育目标，现已形成以能源合唱团为核心美育组织，以班级合唱大赛、森林音乐会、民谣音乐节、动力之夜等活动为重要美育平台的美育实践活动体系，每年动员吸纳 400 余人次参加校院两级文艺演出。2017 年以来，累计 172 个班集体、4000 余人次参加班级合唱大赛，参加学生覆盖本硕博，实现本科生 100％登台表演，累计 20 余人次加入校合唱团。

（三）培养一批品学才艺俱佳的优秀工科生

通过历年班级合唱大赛和合唱团培养，学院发现了一批对音乐有天赋、有热情的工科生，通过组织小型音乐会、支持学生参加乡村美育支教、创作歌曲等形式，培育了一批品学兼优、乐于奉献且艺术素养较高的学生。2017 年以来，学院共有 6 支乡村美育支教队入选全国大学生"三下乡"社会实践团队或团中央志愿服务示范团队，累计 300 余名学生参与到乡村美育支教活动中。校三好学生标兵刘明（化名）在校级答辩舞台上拉起小提琴，分享自己与偏远山区孩子们的音乐故事，他被保送至清华大学读博。学生李杰（化名）创作原创歌曲《守望天明》，得到教育部官网、《人民日报》、新华社等主流媒体的广泛传播，播放量超 500 万次。学院将继续推进基于合唱艺术的工科生美育实践，促进学生的全面发展，提升人才培养质量。

"以体育人"实践探索

体育学院｜梅　健　郑　可

近年来，华中科技大学体育学院充分结合学院学生专业特点，搭建体育浸润思政教育平台，探索竞技体育与群众体育有机融合的组织模式，引导学生在校园体育文化建设中发挥积极作用，推动体育专业人才培养与普通学生全面发展，更好地面向学院和学校发挥体育的育人作用。

一、开展情况

体育学院专业特色鲜明，学生具备较强的运动能力和较突出的竞技水平，运动专项涵盖龙舟、篮球、网球、足球、武术、乒乓球、田径等。立项以来，学院结合高水平运动员的特点和校园体育开展的规律开展了一系列"以体育人"的实践探索。

（一）以体育精神为内核，突出价值引领

学院结合高水平运动员的奋斗故事挖掘体育育人内涵，通过线下宣讲和线上宣传方式传播华科大体育精神，激励学生自信自强。高水平女篮夺冠事迹被拍摄成微电影，广泛宣扬了"不畏强手，迎难而上，顽强拼搏，敢于争先"的华科大女篮精神，女篮队队长刘贝在 2023 年学校表彰大会上以此为题进行了故事分享。校高水平女子龙舟队队员以华科大龙舟精神为题，先后在五四演讲比赛、新生军训"绿茵课堂"开展宣讲，传播龙舟运动的团结协作精神，获校五四演讲比赛二等奖。通过挖掘、凝练、传播学校竞技体育精神内涵，有效地激励广大师生热爱体育，激扬斗志。

女篮队队长分享华科女篮精神　　　　　　　龙舟队队员分享龙舟精神

（二）以志愿服务为基础，强化平台建设

学院结合校园体育发展需要构建育人平台，引导学生发挥专业技能，广泛在校运会、体测、荧光夜跑、体育嘉年华、校园马拉松等校园体育活动中担任助理裁判、教练和志愿者，在服务广大师生的过程中锤炼自己，带动校园体育事业蓬勃发展。具备体育专业素养的学生成为开展校园大型体育活动不可或缺的中坚力量。此外，学院组建"喻健体育"青年志愿服务队，通过运动员进社区、进课堂以及开展线上教学活动，切实服务社区群众和广大师生，目前服务队同清芬社区、江汉关社区结对，通过每月一次的活动助力全民健身深入开展、高质量开展。

学生担任秋季体育嘉年华志愿者　　　　　　志愿服务队进课堂

（三）以活动创新为抓手，丰富形式内容

学院结合运动队特色持续创新。开展篮球、网球、田径、龙舟、足球等一系列代表队开放日活动，活动中高水平运动员与同学们"零距离接触"，结合专项特色

有针对性地开展故事分享、运动教学、竞技体验、球技切磋等特色活动，带领同学们提高运动水平，感受竞技魅力，体悟体育精神；立足传统文化特色和校园水域环境优势开展"龙腾喻园"龙舟邀请赛等龙舟品牌活动，高水平女子龙舟队队员担任教练和鼓舵手，带领师生在喻家湖和湖溪河开展竞速比赛，让龙舟成为校园中一道独具特色的靓丽风景线，营造出独具特色的校园体育文化，以文化引领广大学生爱校荣校。

高水平田径队开放日　　　　　　　　　　"龙腾喻园"龙舟邀请赛

二、创新做法

（一）创新制度保障，下好"以体育人"一盘棋

从发展竞技体育、发展群众体育到竞技体育与群众体育有机融合是一个长期性、系统性工程，学院以学院党委为核心，通过"三全育人"工作思路广泛凝聚人才培养的共同目标和理念，不断推进体系化建设。通过每两周一次教练员会议、定期开展班主任会议和专项工作协调会议，打通竞技人才培养到校园体育活动组织的各环节，形成有机整体；学院领导班子、辅导员、教师班主任、教练员、专任教师、校友等深入育人各环节形成合力，共同下好"以体育人"一盘棋，为工作实施提供坚实的制度保障。

（二）创新开展模式，打造"以体育人"活动品牌

通过不断探索当代学生的特点和校园体育的发展规律，开拓了"开放日"、特色赛事、宣讲、志愿服务等多种活动开展模式，引导学生从不同层次、不同角度融

入校园体育文化发展，探索师生喜闻乐见的活动形式并形成系列化，凝聚品牌效应。当前，"开放日"已形成围绕运动代表队的系列活动，累计举办5场，吸引近400人深入参与，并获校园文化节精品项目立项；"龙腾喻园"龙舟邀请赛一经推出便受到广泛欢迎，当前已累计开展两届，共吸引来自各学院近500人参与，成为华科大的特色赛事；"喻健体育"志愿服务队累计开展线上线下活动数十场，形成一系列具有体育特色的志愿服务项目。

（三）创新组织模式，实现"以体育人"双促进

竞技体育与群众体育的有机融合不仅立足校园体育发展需要，同时为锻炼学生、培养高层次复合型体育人才创建了多种有效渠道。通过高水平运动员＋普通学生的组织形式，引导学生在体育教学、活动组织、宣讲等实践中将理论知识深化、活化，提升他们的各项能力素养，弥补了学生在语言表达沟通等方面的短板，有效地强化了复合型人才培养质量，实现了竞技体育和群众体育的双促进，形成"1＋1＞2"的人才培养组织模式。

三、工作成效

（一）复合型人才培养成效更加突出

学院学生在竞技成绩和综合素质上取得全面发展，体育专业复合型人才培养取得成效。在竞技方面，学院本科生郑钦文、孙梦雅、昌雅妮在巴黎奥运会中获得三金一铜，本科生郑钦文、孙梦雅、昌雅妮、王颖、郑九源等在杭州亚运会中获六金二银；本科生余宗达、黄华锋等在世界大学生运动会中取得佳绩；大批学生参与学生（青年）运动会等重要国家级赛事，取得奖牌169块；高水平女篮代表学校取得中国大学生篮球联赛一级联赛总冠军。同时，学生集体和个人综合能力也明显提升，优良学风班获评率83.3％，高水平女子篮球队获校青年五四奖章（集体），体特2201班团支部、运训2201班团支部开展的团日活动获评校优秀特色团日，运训2201班团支部获评校铜牌团支部，紫菘9栋128寝室获评校标兵寝室，2人获湖北省五四青年奖章，3人获校五四青年奖章，1人获评校先锋党员，1人获评校百生讲坛优秀主讲人二等奖和校职业规划大赛决赛二等奖，等等。

紫菘 9 栋 128 寝室获评标兵寝室

（二）体育精神弘扬与传播更加广泛

学院结合高水平运动员的奋斗故事创作了《夺冠》微电影等网络作品，以体育为主题面向全校开展了文创设计大赛，在各类平台发送了体育类新闻稿 261 篇、各类短视频 50 余个。发布体育赛事活动照片、视频直播 11 次，浏览量 300 多万，结合体育竞技和各类体育活动弘扬了中华体育精神，传播了体育正能量，其中《夺冠》获"讲好华科大故事"创意传播大赛一等奖、"讲好中国故事"创意传播国际大赛湖北分站三等奖。

（三）校园体育文化更加丰富

2023 年，学院围绕"二会三杯五跑"校级竞赛体系，共开展 42 项校园体育活动，15 万人次参与活动，体育学院学生广泛担任教练、裁判和志愿者，有力地支撑了各类校级体育活动的开展。广范围、高质量开展的校园体育活动大大丰富了校园文化，营造了积极向上、健康发展的文化氛围，有效促进了学生的身心健康和全面发展。

女篮微电影《夺冠》

2023 年华中科技大学秋季运动会